基督教经典译丛

何光沪 主编
副主编 章雪富 孙 毅 游冠辉

Heretics
异教徒

[英] 切斯特顿 著

汪咏梅 译

Simplified Chinese Copyright © 2011 by SDX Joint Publishing Company. All Rights Reserved.

本作品中文简体版权由生活·读书·新知三联书店所有。未经许可，不得翻印。

图书在版编目（CIP）数据

异教徒／（英）切斯特顿著；汪咏梅译．—北京：生活·读书·新知三联书店，2011.5（2022.5重印）
（基督教经典译丛）
ISBN 978–7–108–03691–9

Ⅰ．①异… Ⅱ．①切…②汪… Ⅲ．①基督教–信仰–研究 Ⅳ．① B978

中国版本图书馆 CIP 数据核字（2011）第 036389 号

丛书策划	橡树文字工作室
责任编辑	詹那达 张艳华
封面设计	罗 洪
责任印制	卢 岳
出版发行	生活·讀書·新知 三联书店
	（北京市东城区美术馆东街 22 号）
邮 编	100010
网 址	www.sdxjpc.com
经 销	新华书店
印 刷	北京隆昌伟业印刷有限公司
版 次	2011 年 5 月北京第 1 版
	2022 年 5 月北京第 4 次印刷
开 本	635 毫米 × 965 毫米 1/16 印张 13.75
字 数	178 千字
印 数	14,001–18,000 册
定 价	39.00 元

基督教经典译丛
总　　序
何光沪

在当今的全球时代,"文明的冲突"会造成文明的毁灭,因为由之引起的无限战争,意味着人类、动物、植物和整个地球的浩劫。而"文明的交流"则带来文明的更新,因为由之导向的文明和谐,意味着各文明自身的新陈代谢、各文明之间的取长补短、全世界文明的和平共处以及全人类文化的繁荣新生。

"文明的交流"最为重要的手段之一,乃是对不同文明或文化的经典之翻译。就中西两大文明而言,从17世纪初以利玛窦(Matteo Ricci)为首的传教士开始把儒家经典译为西文,到19世纪末宗教学创始人、英籍德裔学术大师缪勒(F. M. Müller)编辑出版五十卷《东方圣书集》,包括儒教、道教和佛教等宗教经典在内的中华文明成果,被大量翻译介绍到了西方各国,从徐光启到严复等中国学者、从林乐知(Y. J. Allen)到傅兰雅(John Fryer)等西方学者开始把西方自然科学和社会科学著作译为中文,直到20世纪末叶,商务印书馆、生活·读书·新知三联书店和其他有历史眼光的中国出版社组织翻译西方的哲学、历史、文学和其他学科著作,西方的科学技术和人文社科书籍也被大量翻译介绍到了中国。这些翻译出版活动,不但促进了中学西传和西学东渐的双向"文明交流",而且催化了中华文明的新陈代谢,以及中国社会的现代转型。

清末以来,先进的中国人向西方学习、"取长补短"的历程,经历了两大阶段。第一阶段的主导思想是"师夷长技以制夷",表现为洋务运动之向往"船坚炮利",追求"富国强兵",最多只求学习西方的工业技术和物质文明,结果是以优势的海军败于日本,以军事的失败表现出制度的失败。第二阶段的主导思想是"民主加科学",表现为五四新文化运动之尊崇"德赛二先生",中国社会在几乎一个世纪中不断从革命走向革命之后,到现在仍然需要进行民主政治的建设和科学精神的培养。大体说来,这两大阶段显示出国人对西方文明的认识由十分肤浅到较为深入,有了第一次深化,从物质层面深入到制度层面。

正如观察一支球队,不能光看其体力、技术,还要研究其组织、战略,更要探究其精神、品格,同样地,观察西方文明,不能光看其工业、技术,还要研究其社会、政治,更要探究其精神、灵性。因为任何文明都包含物质、制度和精神三个不可分割的层面,舍其一则不能得其究竟。正由于自觉或不自觉地认识到了这一点,到了20世纪末叶,中国终于有了一些有历史眼光的学者、译者和出版者,开始翻译出版西方文明精神层面的核心——基督教方面的著作,从而开启了对西方文明的认识由较为深入到更加深入的第二次深化,从制度层面深入到精神层面。

与此相关,第一阶段的翻译是以自然科学和技术书籍为主,第二阶段的翻译是以社会科学和人文书籍为主,而第三阶段的翻译,虽然开始不久,但已深入到西方文明的核心,有了一些基督教方面的著作。

实际上,基督教对世界历史和人类社会的影响,绝不止于西方文明。无数历史学家、文化学家、社会学家、艺术史家、科学史家、伦理学家、政治学家和哲学家已经证明,基督教两千年来,从东方走向西方再走向南方,已经极大地影响,甚至改变了人类社会从上古时代沿袭下来的对生命的价值、两性和妇女、博爱和慈善、保健和教育、劳动和经济、科学和学术、自由和正义、法律和政治、文学和艺术等等几乎所有生活领域的观念,从而塑造了今日世界的面貌。这个诞生于亚洲或"东方",传入了欧洲或"西方",再传入亚、非、拉美或"南方"的世界第一大宗教,现在因为信众大部分在发展中国家,被称为"南方宗教"。但是,它本来就不属于任何一"方"——由于今日世界上已经没有一个国家没有其存在,所以它已经不仅仅在宗教意义上,而且是在现实意义上展现了它"普世宗教"的本质。

因此,对基督教经典的翻译,其意义早已不止于"西学"研究或对西方文明研究的需要,而早已在于对世界历史和人类文明了解的需要了。

这里所谓"基督教经典",同结集为"大藏经"的佛教经典和结集为"道藏"的道教经典相类似,是指基督教历代的重要著作或大师名作,而不是指基督徒视为唯一神圣的上帝启示"圣经"。但是,由于基督教历代的重要著作或大师名作汗牛充栋、浩如烟海,绝不可能也没有必要像佛藏道藏那样结集为一套"大丛书",所以,在此所谓"经典译丛",最多只能奢望成为比佛藏道藏的部头小很多很多的一套丛书。

然而,说它的重要性不会"小很多很多",却并非奢望。远的不说,只看看我们的近邻,被称为"翻译大国"的日本和韩国——这两个曾经拜中国文化为师的国家,由于体现为"即时而大量翻译西方著作"的谦虚好学精神,一先一后地在文化上加强新陈代谢、大力吐故纳新,从而迈进了亚洲甚至世界上最先进国家的行列。众所周知,日本在"脱亚入欧"的口号下,韩国在其人口中基督徒比例迅猛增长的情况下,反而比我国更多更好地保存了东方传统或儒家文化的精粹,而且不是仅仅保存在书本里,而是保存在生活中。这一事实,加上海内外华人基督徒保留优秀传统道德的大量事实,都表明基督教与儒家的优秀传统可以相辅相成,这实在值得我们深长思之!

基督教在唐朝贞观九年(公元635年)传入中国,唐太宗派宰相房玄龄率官廷卫队到京城西郊欢迎传教士阿罗本主教,接到皇帝的书房让其翻译圣经,又接到皇官内室听其传讲教义,"深知正真,特令传授"。三年之后(公元638年),太宗又发布诏书说:"详其教旨,玄妙无为;观其元宗,生成立要。……济物利人,宜行天下。"换言之,唐太宗经过研究,肯定基督教对社会具有有益的作用,对人生具有积极的意义,遂下令让其在全国传播（他甚至命令有关部门在京城建造教堂，设立神职，颁赐肖像给教堂以示支持）。这无疑显示出这位大政治家超常的见识、智慧和胸襟。一千多年之后，在这个问题上，一位对中国文化和社会贡献极大的翻译家严复，也显示了同样的见识、智慧和胸襟。他在主张发展科学教育、清除"宗教流毒"的同时，指出宗教随社会进步程度而有高低之别，认为基督教对中国民众教化大有好处："教者，随群演之浅深为高下，而常有以扶民性之偏。今假景教大行于此土，其能取吾人之缺点而补苴之，殆无疑义。且吾国小民之众，往往自有生以来，未受一言之德育。一旦有人焉，临以帝天之神，时为耳提而面命，使知人理之要，存于相爱而不欺，此于教化，岂曰小补！"（孟德斯鸠《法意》第十九章十八节译者按语。）另外两位新文化运动的领袖即胡适之和陈独秀，都不是基督徒，而且也批判宗教，但他们又都同时认为，耶稣的人格精神和道德改革对中国社会有益，宜于在中国推广（胡适：《基督教与中国》；陈独秀：《致〈新青年〉读者》）。

当然，我们编辑出版这套译丛，首先是想对我国的"西学"研究、人文学术和宗教学术研究提供资料。鉴于上述理由，我们也希望这项工作对于中西文明的交流有所贡献；还希望通过对西方文明精神认识的深化，对于中国文化的更新和中国社会的进步有所贡献；更希望本着中国传统中谦虚好学、从善如流、生生不已的精神，通过对世界历史和人类文明中基督教精神动力的了解，对于当今道德滑坡严重、精神文化堪忧的现状有所补益。

尽管近年来翻译界出版界已有不少有识之士，在这方面艰辛努力，完成了一些极有意义的工作，泽及后人，令人钦佩。但是，对我们这样一个拥有十几亿人口的千年古国和文化大国来说，已经完成的工作与这么巨大的历史性需要相比，真好比杯水车薪，还是远远不够的。例如，即使以最严格的"经典"标准缩小译介规模，这么一个文化大国，竟然连阿奎那（Thomas Aquinas）举世皆知的千年巨著《神学大全》和加尔文（John

Calvin）影响历史的世界经典《基督教要义》，都尚未翻译出版，这无论如何是令人汗颜的。总之，在这方面，国人还有漫长的路要走。

本译丛的翻译出版，就是想以我们这微薄的努力，踏上这漫长的旅程，并与诸多同道一起，参与和推动中华文化更新的大业。

最后，我们应向读者交代一下这套译丛的几点设想。

第一，译丛的选书，兼顾学术性、文化性与可读性。即从神学、哲学、史学、伦理学、宗教学等多学科的学术角度出发，考虑有关经典在社会、历史和文化上的影响，顾及不同职业、不同专业、不同层次的读者需要，选择经典作家的经典作品。

第二，译丛的读者，包括全国从中央到地方的社会科学院和各级各类人文社科研究机构的研究人员，高等学校哲学、宗教、人文、社科院系的学者师生，中央到地方各级统战部门的官员和研究人员，各级党校相关教员和有关课程学员，各级政府宗教事务部门官员和研究人员，以及各宗教的教职人员、一般信众和普通读者。

第三，译丛的内容，涵盖公元1世纪基督教产生至今所有的历史时期。包含古代时期（1—6世纪），中古时期（6—16世纪）和现代时期（16—20世纪）三大部分。三个时期的起讫年代与通常按政治事件划分历史时期的起讫年代略有出入，这是由于思想史自身的某些特征，特别是基督教思想史的发展特征所致。例如，政治史的古代时期与中古时期以西罗马帝国灭亡为界，中古时期与现代时期（或近代时期）以17世纪英国革命为界；但是，基督教教父思想在西罗马帝国灭亡后仍持续了近百年，而英国革命的清教思想渊源则无疑应追溯到16世纪宗教改革。由此而有了本译丛三大部分的时期划分。这种时期划分，也可以从思想史和宗教史的角度，提醒我们注意宗教和思想因素对于世界进程和社会发展的重要作用。

中国人民大学宜园
2008年11月

目 录

中译本导言……………………………（劳伦·威尔肯森）1

第一章　引言：论正统的重要性 …………………………… 1
第二章　论否定的精神 …………………………………… 11
第三章　论鲁德亚德·吉卜林与使世界变小 …………… 19
第四章　萧伯纳先生 ……………………………………… 29
第五章　H. G. 威尔斯先生与巨人 ……………………… 39
第六章　圣诞节与唯美主义者 …………………………… 53
第七章　欧玛尔与神圣的葡萄 …………………………… 61
第八章　黄色报刊的温暾 ………………………………… 69
第九章　乔治·穆尔先生的变化无常 …………………… 79
第十章　论凉鞋与简朴、单纯 …………………………… 85
第十一章　科学与野人 …………………………………… 91
第十二章　异教与洛斯·迪金森先生 …………………… 99
第十三章　凯尔特人与亲凯尔特人 ……………………… 111
第十四章　论某些现代作家及家庭这一机构 …………… 117
第十五章　论聪明的小说家及聪明阶层 ………………… 127
第十六章　论麦卡比先生与一种神圣的轻薄 …………… 141
第十七章　论惠斯勒的风趣 ……………………………… 153
第十八章　年轻国家之类的谬论 ………………………… 161

第十九章　以贫民窟为题材的小说家与贫民窟 …………………… 173
第二十章　结语：论正统的重要性 ……………………………… 185

译后记 ………………………………………………（汪咏梅）198

中译本导言

劳伦·威尔肯森（Loren Wilkinson）

G. K. 切斯特顿（Gilbert Keith Chesterton, 1874—1936）是英国小说家、诗人、随笔作家、报纸撰稿人、基督教护教学家，一生著书八十余部，出版有自己的刊物（《G. K. 周刊》）。在去世之时，他已经是英国最受尊敬、著作被最广泛阅读的作家之一。切斯特顿身材高大，个性开朗，胃口、酒量都很大，而且交友众多，喜欢穿一件大披风，手拿剑杖。

切斯特顿的著作睿智幽默，从不乏味。他的幽默以及由此而来的易于理解，有时候被误认为是轻浮浅薄。在《异教徒》第十六章"论麦卡比先生与一种神圣的轻薄"的伊始，切斯特顿有力地回应了这一指责：

> 一位评论家曾以一种愤慨、理性的口吻告诫我说："如果你一定要开玩笑，至少你不必拿如此严肃的对象开玩笑。"我用一种本能的直率和惊奇回答道："一个人若不拿严肃的对象开玩笑，拿什么开玩笑？"……拿极其重要的事情开玩笑的不是我，甚至不是某一类记者或爱开玩笑的人，而是整个人类……世界上最严肃、最可怕的事情——结婚、被处以绞刑——却是世界上最古老的笑话。①

切斯特顿的著作所论述的确实是世界上最重要、最严肃的事情，即有关如何在一个不平凡的世界做一个平凡之人的事情。他常常会诉诸故

---

① G. K. Chesterton, *Heretics* (Peabody, Massachusett: Hendrickson Publishers, 2007), 119-120.

事,尤其是奇幻故事(即"童话")对我们产生的那种震撼力。在《回归正统》(Orthodoxy)中,他写道:"这些故事之所以说苹果是金色的,是为了让我们重新回忆起那个久已遗忘的时刻——我们发现苹果是青色的;之所以描述河流中流淌着葡萄酒,是为了让我们在一时的狂喜之中,记起河流中流淌着清水。"①

说服现代人(无论是20世纪初的英国人,还是21世纪初的中国人),让他们将自己已经逐渐视为日常、平凡之物,视为神奇、不平凡,这不是一件容易的事。切斯特顿在令人惊奇方面却是一位大师。在他所有的著作中,他一次又一次成功地使读者(甚至一开始不赞同他、反对他的读者)以一种新的眼光看待世界。幽默是其策略的一部分。C. S. 路易斯承认,阅读切斯特顿的著作是使他重归基督教信仰的因素之一,在自传中,路易斯写道:

> 他的幽默是我最喜欢的那种——不是点缀在文中的"笑话"(如蛋糕中的葡萄干),更不是一种泛泛的轻率和逗乐(那是我无法容忍的),而是无论如何也无法与论证拆开的幽默……那把利剑之所以亮光闪闪,不是因为剑手定意要让它那样,而是因为此刻他正在捍卫自己的性命,在飞快地舞剑。②

《异教徒》出版于1905年,杰出地展示了切斯特顿的风趣幽默,这把闪亮的利剑。该书成书较早(尽管是切斯特顿的第十部著作,与第一部著作的出版不过相差五年),也许是奠定切斯特顿作为一位重要思想家的首部著作。在书中,切斯特顿针对他同时代的一些人所持的思想观点与他们进行了辩论,在一个世纪后的今天,书中的大部分人物已经不为

---

① G. K. Chesterton, *Orthodoxy* (Vancouver: Regent College Publishing, 2004; first published 1908 by Dodd Mead and Company), 62.
② C. S. Lewis, *Surprised by Joy* (New York: Harcourt Brace, 1955), 190 – 191.

英国读者所知,更毋庸说中国读者了。虽然今天的读者对切斯特顿所谈的人物可能一无所知,但这并无大碍,因为切斯特顿的真正目的是要抨击早期现代思潮自诩的"正统",而其拥护者自豪地宣称自己为"异端"。现代主义的信条在当时颇为新颖,今天已经比较陈旧,但大部分仍然是我们这个后现代与当代文化(二者正在日渐联合)的重要柱石。

在《异教徒》的开篇,切斯特顿就道明了他写作的原因:

> 当今时代我们反常地使用"正统"这个词,没有什么比这更奇怪地表明了现代社会中一桩巨大而又无声的罪恶。从前,异教徒以自己不是异教徒而自豪……十八层地狱中的所有折磨加之于他也不能使他承认自己是异教徒。可是如今,几个现代的术语就已经使他为自己是异教徒而自吹自擂了。他故意笑了笑,说:"我想我的思想非常异端。"然后环顾四周,寻求掌声。"异端"这个词现在非但不再意味着错误,实际上还意味着头脑清醒、勇气十足。"正统"这个词现在非但不再意味着正确,实际上还意味着错误。①

如今,"异端"和"正统"这两个词不是很适合我们的口味,在这样一个"后现代"环境中,我们对一切正统观念都持有一种根深蒂固的怀疑。强迫人们接受正统观念(无论是政治、经济还是宗教方面的正统观念),曾给成千上万的人带来苦难和死亡,以至在今天,唯一真正的异端就是为正统辩护。

然而,切斯特顿紧接着在本书的20个章节中非常智慧地让我们看到,他论及的所有那些自诩的异端,本身就是一个肤浅、不充分、常常不为人承认的正统观念的另一面。随后,他敏捷地挥舞风趣幽默这把利

---

① Heretics, 2 – 3.

剑，摧毁这些新正统观念。

有两个例子可以证明切斯特顿的洞见对今天的时代仍然适切，而对于21世纪的中国来说，其适切性至少可与它对一个世纪前的英国所具有的相比。在第十四章"论某些现代作家及家庭这一机构"中，切斯特顿为小群体和地方性群体相对于大群体和世界性群体的价值作了有力的辩护：

> 当今时代已不盛行大谈小群体的优越性，人们教导我们要崇尚大帝国、大思想。然而，小国家、小城市、小村庄有一个优点，只有故意装瞎的人才会对其视而不见。那个优点就是：生活在小群体中的人实际生活在一个大得多的世界中，他对人的那种巨大的多样性、坚定的差异性的认识要深刻得多。原因很显然：在大群体中，我们可以选择同伴；在小群体中，同伴已经为我们选定了。①

切斯特顿随后将小群体价值的原则应用于家庭。今天，家庭、村庄、社区正被越来越大的城市所淹没，切斯特顿的洞见对这样一个世界的适切性是显而易见的，对中国也许尤其适切，因为一方面，中国人自古以来就崇尚家庭，而另一方面，城市巨大的磁力又吸引人们离开村庄、家庭这些小群体。

同样，在第十八章"年轻国家之类的谬论"中，切斯特顿引领我们对国家的年轻和年龄的相对价值进行了一系列深刻的反思。一个国家的年轻和年龄本身不能保证它充满活力。从古老的英国的角度谈及那些骤然崛起的殖民地时，切斯特顿说：

> 当然，像一切其他人类之物一样，美国从精神的角度说可以活

---

① *Heretics*, 98.

着,也可以死了,就看它怎么选择了。但是,眼下美国必须非常严肃地考虑的,不是它离自己的诞生和开始有多近,而是它离自己的终结有多近。美国文明是否年轻,这只是一个用词的问题;美国文明是否正在消亡,这可能会成为一个非常实际、紧迫的问题。①

中国是世界上最古老的文明古国,如今正飞速地呈现出崭新的面貌,这类反思对中国的适切性是不容忽视的。

《异教徒》在出版之时获得了巨大的成功,给切斯特顿带来了很多赞誉。迈克尔·科伦(Michael Coren)在切斯特顿的传记中写道:

> 他的著作风格和内容给所有人——从首相、圣公会和罗马天主教会的最高主教,到一批年轻学者——都留下了深刻印象。那些学者拥抱这种新思维,视之为一种全新的、解放性思维形式的先锋。②

无论是在当时还是在今天,在英国还是在中国,《异教徒》最大的价值也许在于,它有能力促使我们思考我们建构自己生命的那些基础,而不至于急速地抛弃过去的正统观念,拥抱时髦新潮的"异端邪说"。我在前面谈到切斯特顿对年轻时代的 C.S. 路易斯产生了深刻的影响,路易斯最重要的著作之一是《人的废除》(The Abolition of Man),在这本书中,他和切斯特顿一样,竭力反对现代人过于草率地抛弃古老正统的伦理观念。而路易斯称这些古老的真理为"道"(the Tao),他明确指出,自己所说的"道"与老子所说的"道"并不完全吻合,但他选用这个词对于切斯特顿的中国读者而言是非常重要的,因为切斯特顿护卫的正统正是一种普世皆知的生命之道(Way)。

---

① *Heretics*, 146.
② Michael Coren, *The Man Who Was Chesterton* (London, Jonathan Cape, 1989), 152.

1908 年，即在《异教徒》问世后三年，切斯特顿出版了另外一部著作，书名（及其引言）都让我们不能不视之为《异教徒》的续集，他将之命名为《回到正统》。该书以一个不足凭信的故事开始，讲述了一个人从英国出发，希望发现一座新岛屿，结果由于航行方向错误，最终在始发地登陆。切斯特顿写道："走出快艇的那人认为他第一个发现了英国，我也认为自己第一个发现了欧洲。我确实试图创建一个自己的异端邪说，但在涂上最后几笔之时，却发现那原来是正统的基督教。"①

　　在《回到正统》的第四章"小精灵王国的伦理观"中，切斯特顿谈到他越来越相信在宇宙的奥秘背后存在着意义，而正是童话故事重新唤醒了他，使他认识到这一点。

　　……此前我一直相信这个世界蕴涵着魔术，此时我想也许它还蕴涵着魔术师。这增强了我潜意识中始终存在的一种深深的感觉，即我们这个世界的存在有其目的，既然有目的，就有设计这个目的的人存在。此前我一直将生活首先视为一个故事，既然是故事，就有故事的讲述者存在。②

　　切斯特顿在《回到正统》中概括的"正统"，是对《异教徒》中那一幅幅素描背后的基督教框架的详细阐述，在后来的著作《永恒之人》中，他又作了更为详细的阐述。

　　读者要想看到切斯特顿在《异教徒》中表现出的论证的智慧，不必追根究底对他的基督教有所了解。《异教徒》最引人注目的地方之一就是切斯特顿对持不同意见者的尊重。他在这本重要著作中真正呼吁的，对当今的中国与对 20 世纪初的英国同等重要，那就是：要认识到思想和信

---

① *Orthodoxy*, 15.
② *Orthodoxy*, 70.

念才是最重要的,我们应该对思想和信念予以应有的重视。"异端"和"正统"这类严肃的词语在今天仍然适用。因此,让我们以《异教徒》的结束语来结束我为本书在中国的首版所作的简介:

那么,就让我们踏上漫长的旅途、开始一次可怕的探索吧,至少,让我们来挖掘寻找,直到发现自己的观点吧。我们真正持守的教义远比我们认为的要奇异美丽……

我们将来不仅要为人类生活中那些不可思议的美德和明智之举辩护,还要为更加不可思议的东西辩护,那就是这个直视我们的、难以置信的浩瀚宇宙。我们将为可见的神迹奇事而战,仿佛它们是不可见的。我们将以奇特的勇气观看这些不可思议的绿草与天空。我们将跻身那些看见且相信之人的行列。①

---

① *Heretics*,169.

第一章　引言：论正统的重要性

当今时代我们反常地使用"正统"这个词，没有什么比这更奇怪地表明了现代社会中一桩巨大而又无声的罪恶。从前，异教徒以自己不是异教徒而自豪。世上的王国、警察、法官，他们是异教徒，而他是正统。他丝毫不以自己叛逆了他们而自豪，反倒认为是他们叛逆了他。那些冷酷得坚不可摧的军队，那些冷若冰霜的君王，那些体面的国家运行机制，那些合理的法律诉讼程序，所有这些都如迷失正途的群羊。这个人以自己是正统、以自己立场正确而自豪。倘若他独自一人伫立在荒凉的旷野，他不只是一个人，他是一个教会。他是宇宙的中心，星辰围绕着他转动，十八层地狱中的所有折磨加之于他也不能使他承认自己是异教徒。可是如今，几个现代的术语就已经使他为自己是异教徒而自吹自擂了。他故意笑了笑，说："我想我的思想非常异端。"然后环顾四周，寻求掌声。"异端"这个词现在非但不再意味着错误，实际上还意味着头脑清醒、勇气十足。"正统"这个词现在非但不再意味着正确，实际上还意味着错误。所有这些只能说明一点，那就是：人们现在不太在意自己的人生哲学是否正确了。因为显然，一个人首先应该承认自己神志错乱，然后才承认自己是异端。系着红领结的波西米亚人应该以自己的正统而自豪；恐怖分子在安置炸弹时应该认为，不论自己其他方面如何，至少自己是正统的。

一般来说，两个哲学家因为宇宙观不同，一个将另一个烧死在史密斯菲尔德市场，①这是愚蠢的。这种事情在中世纪最后衰微时经常发生，

---

① 伦敦主要的肉类市场。

而且根本没有达到预期的目的。然而,有一件事比因一个人的哲学观而将他烧死不知要荒谬、不切实际多少倍,那就是习惯于说一个人的哲学观无关紧要。这种情形在20世纪、在大革命时期渐趋尾声时非常普遍。普遍理论处处遭到轻视。有关人权的教义与有关人的堕落的教义一起被摈弃了;无神论本身如今对我们来说太具有神学性了;革命本身太制度化了;自由本身太约束了。我们将不作任何概括归纳。萧伯纳用一句极其精辟的警句表达了这种观点:"金规则就是不存在金规则。"我们将越来越多地讨论政治、文学、艺术中的细节。一个人对电车的看法很重要,一个人对波提切利的看法很重要,但一个人对总体事物的看法不重要。他可以反复考虑、勘察一百万个事物,但他千万不可发现那个奇怪的事物——宇宙。因为一旦这样做,他就会产生宗教信仰,迷失正途。一切事物都很重要,唯独作为整体的一切除外。

我们几乎无须举例来证明今天人们在宇宙观问题上这种彻底的轻率;也几乎无须举例来证明,我们认为一切都会对实际生活造成影响,唯独一个人是悲观主义者还是乐观主义者、是笛卡儿主义者还是黑格尔主义者、是唯物主义者还是唯灵论者,这类问题不重要。尽管如此,我还是任意来举一个例子。在任何一张茶桌旁,我们可能随便都能听到有人说:"活着没意思。"听到这句话,我们的感觉就如同听到有人说今天天气很好一样,没有人认为这句话对说话人或对世界会产生什么严重的影响。可是,如果我们对那句话当真,整个世界就颠倒了过来。杀人犯将会因结束人的生命而被授予奖章;消防队员将会因救人免于一死而受到责罚;毒药将被当作药物来使用;人身体健康时将要去请医生;皇家救生协会将像一伙刺客一样被铲除。然而,我们从不思考这个问题:说话的这位悲观主义者,他对社会究竟会起到巩固作用还是瓦解作用?我们从不思考是因为我们确信理论无关紧要。

那些在英国开创自由的人无疑并不这样认为。过去的自由党人在废除对一切异端的禁锢时,他们想的是,这样做可以使宗教和哲学有一些新的发现。他们认为，宇宙真理是如此重要，每个人都应当独自为之作见证。现代的观点是，宇宙真理是如此无足轻重，任何人说什么都无关紧要。前者赋予探究以自由，如同人放开一只高贵的猎犬；后者赋予探究以自由，如同人往大海中扔回了一条不宜食用的鱼。现在，自古以来第一次，任何人都可以讨论人性，然而，现代社会对人性如此鲜有讨论也是前所未有的。过去的禁锢意味着只允许正统者讨论宗教；现在的自由意味着不允许任何人讨论宗教。在其他一切盲目的崇拜都失效之时，高品位——人类最后一个、也是最可耻的一个盲目崇拜——成功地使我们保持了缄默。六十年前，一个公开宣称无神论的人被视为品位低劣。随后出现了布雷德洛①派——最后一代信仰人士，即最后一代在意上帝的人。即便是他们也没有能够改变人们的看法，今天一个公开宣称无神论的人仍然被视为品位低劣。但是他们痛苦的努力也取得了成效，那就是，现在一个公开宣称自己是基督徒的人同样被视为品位低劣。所谓解放就是将圣人与异教首领囚禁在同一座缄默之塔。于是，我们转而谈论安格尔西侯爵②与天气，称这为一切信念的彻底自由。

  然而还是会有一些人（我自己是其中一员）认为，对一个人而言，最实际、最重要的东西仍然是他的宇宙观。我们认为，女房东在考虑房客时了解他的收入状况固然重要，但了解他的人生哲学则更为重要。我们认为，将军在对敌作战时了解敌军的人数固然重要，但了解敌军的人生哲学则更为重要。我们认为，问题不是有关宇宙的理论是否会对事物发生影响，而是从长远来看，是否有其他东西会对这些事物发生影响。15世纪，一个人因宣扬一种不道德的观点受到拷打和盘问；19世纪，奥斯卡·王尔德因宣扬这种观点受到我们的大肆赞扬和吹捧，随后又因将这种观点付诸实践而受劳役监禁，伤心之至。上述两种做法，哪

---

① 查尔斯·布雷德洛（Charles Bradlaugh, 1833—1891），发起了一场旷日持久的运动，号召思想自由，反对宗教。他赢得了在议会就职时不需要手按在圣经上宣誓的权利。
② 安格尔西侯爵一世（the first Marquess of Anglesey），曾在滑铁卢率领联军骑兵，1854年去世。

一种更残酷也许难以定论，哪一种更荒谬却毋庸置疑。宗教裁判所那个时代至少没有出现如此不光彩的事，即创造出一个社会，这个社会因一个人宣扬某种观点而将他奉为偶像，又因他实践这种观点而使他沦为阶下囚。

如今，哲学或宗教，即我们关于终极事物的理论，已经差不多同时被驱逐出了它曾经占住的两个领域。普遍的理想曾经统治着文学领域，而今它们已经被"为艺术而艺术"的口号驱逐了出去；普遍的理想曾经统治着政治领域，而今它们已经被要求"效率"（大致可以翻译成"为政治而政治"）的呼声驱逐了出去。在过去的二十年中，秩序或自由的理想在我们的书本中持续不断地减少，机智和雄辩的理想在我们的议会中也是如此。文学故意变得少沾染政治色彩，政治故意变得少沾染文学色彩。有关事物之间关系的普遍理论就这样被排斥出了文学和政治领域。我们有权发问："我们从这种排斥中得到了什么？损失了什么？将道德家和哲学家拒之门外，文学进步了吗？政治进步了吗？"

当一个民族的各方面眼下都在日渐衰微、变得无效率时，它便开始谈论效率。同样，当一个人的健康极度受损时，他便首次开始谈论健康。生机勃勃的有机体谈论的不是自己的过程，而是自己的目的。一个人兴高采烈地谈论他朝向世界尽头之旅，没有什么比这更能证明他身体的效率了；一个国家不断地谈论它朝向世界尽头之旅，即朝向最后的审判日和新耶路撒冷之旅，没有什么比这更能证明它实际的效率了。倾向于追求崇高、狂热的理想，没有什么比这更有力地显示出一个人掩饰不住的健康活力了；正是在我们生命之初精力旺盛的婴儿期，我们才想要得到自己追求不到的东西。我们说要努力提高效率，那些生活在强盛时代的强人们不会明白我们在说什么。希尔德布兰德①会说，他努力不是为

---

① 圣格列高利七世，1073—1085 年担任教皇，对权利滥用实行了改革，维护教皇特权，是中世纪最杰出的教皇之一。

了提高效率，而是为了大公教会。丹东①会说，他努力不是为了提高效率，而是为了自由、平等、博爱。即便这种人的理想不过是把一个人踢下楼，他们也像人那样考虑的是结果，而不像瘫痪病人那样考虑的是过程。他们不说："有效地抬起我的右腿，你会注意到我使用的是大腿和小腿的肌肉，它们状态良好……"他们的感觉完全不同，充斥他们脑海的是这样一幅美丽的画面——那个人直挺挺地躺在楼梯下面。在那种狂喜当中，余下的事瞬间就完成了。实际上，概念化和理想化的习惯丝毫不意味着现实生活中的行动无力。产生伟大理论的时代也是产生伟大结果的时代。在18世纪末那个崇尚感情和优美语言的时代，人们非常强健、行动有力。感伤主义者征服了拿破仑，愤世嫉俗者却逮不着德·韦特②。一百年前，我们的事情无论好坏都由雄辩家成功地控制；今天，我们的事情被拥有强权而缄默不言的人弄得一团糟，毫无改观的希望。这种对豪言壮语和远大理想的拒斥产生了一类政治上的侏儒，同样也产生了一类艺术上的侏儒。当代的政治家要求拥有凯撒和超人那样巨大的自由，他们声称自己太务实以至不能保持纯洁，太爱国以至不能保持道德，结果让一个庸才当上财政大臣。新一代的艺术哲学家要求获得同样的道德自由——用自己的力量摧毁天地的自由，结果让一个庸才当上了桂冠诗人。我并非说，没有人比那位财政大臣和桂冠诗人更强，但有谁敢说，有人比过去时代里那些为自己的人生哲学所左右、沉浸在宗教之中的人更强吗？束缚是否胜于自由，这一点可以讨论，但是，他们的束缚比我们的自由取得的成就更大，这一点每个人都难以否认。

艺术具有非道德性这一理论已经牢牢地扎根在纯艺术人士当中。他们随心所欲地创作，随心所欲地写一首撒但战胜了上帝的《失乐园》，随

---

① Georges Jacques Danton（1759—1794），法国大革命的领导者之一，与罗伯斯庇尔发生冲突，1794年被处以绞刑。
② Christian Rudoph De Wet（1854—1922），一名布尔人将军，在对英游击战中取得了巨大的胜利，他的《三年战争》（1902）详细叙述了此事。

心所欲地写一首天堂被置于地狱之下的《神曲》。他们创作了什么？在为所欲为当中，他们创作出了比那位狂热的吉伯林派天主教徒①和那位严厉的清教徒校长②更伟大、更美丽的什么东西来吗？我们知道，他们只创作了几首回旋诗。弥尔顿不仅在自己的敬虔方面胜过了他们，在他们的不敬虔方面也胜过了他们。翻遍他们小小的诗集，你找不出比弥尔顿更精彩的对撒但违抗上帝的描述，也感受不到但丁在描述法里纳塔（Faranata）③蔑视地狱、高昂头颅时所感受到的异教主义的伟大。道理很显然：亵渎之所以是一种艺术效果，是因为它取决于一种哲学信念。亵渎取决于信仰，随信仰的消逝而消逝。若有人怀疑这一点，就请他静静地坐下来，努力去对托尔④产生一些亵渎的念头。我想，到了晚上家人会发现他已经累得差不多筋疲力尽了。

　　无论在政治界还是文学界，对普遍理论的拒斥都证明尚未取得成功。也许自古以来，有很多不切实际、误导人的理想不时使人类感到困惑，但是毫无疑问，在现实生活中，没有什么理想比"实际性"这个理想更不切实际，更容易产生误导。没有什么比罗斯伯里伯爵⑤的机会主义失去的机会更多。他确实是这个时代的一个永久的象征——一个理论上实际、实际上比任何一个理论家都不切实际的人。世界上没有什么比那种崇拜世俗的智慧更不智慧的了。一个永远考虑是这个还是那个种族强大、是这项还是那项事业前途光明的人，是一个对一切都不会持久地相

---

① 在中世纪晚期，归尔甫派（the Guelphs）属教皇党，吉伯林派（the Ghibellines）属皇帝党。切斯特顿的描述似乎自相矛盾，因为，但丁是白归尔甫党，当黑归尔甫党上台当政时，他被罚款，且被逐出佛罗伦萨。但文中这句话是对但丁晚年的一个准确的描述。
② 弥尔顿不是通常意义上的校长，他指导姐姐的两个儿子学习。从他的专著《论教育》中可以看出，他一定是一位要求严格的老师。
③ 切斯特顿对这个名字的拼写有误。在《地狱篇》的第十章中，但丁遇到佛罗伦萨吉伯林派的领袖法里纳塔·乌贝蒂。但丁被放逐后，法里纳塔的军队于1260年伏击了佛罗伦萨归尔甫派，战胜了他们。
④ 北欧神话中的雷神。——译者注
⑤ 罗斯伯里伯爵五世（the fifth Earl of Rosebery, 1847—1929），1894年继格莱斯顿担任首相，1895年因为党派分裂被迫辞职。作为自由党帝国主义者的领袖，他的立场与切斯特顿截然对立。1905年，自由党人亨利·坎贝尔—班纳曼爵士被推选为首相时，他退出政坛。

信乃至促其成功的人。机会主义的政治家就像一个打台球输了就放弃台球，打高尔夫输了就放弃高尔夫的人，没有什么比对即时成功的这种高度重视更无助于实际成功的了。成功很难取得，没有什么比成功更易失败。

发现机会主义的确失败后，我禁不住想对它多加研究，结果发现它注定要失败。我意识到，在开始时就着手讨论理论要实际得多。我认为，那些曾经为"父子同质"（Homoousion①）这个正统教义争得你死我活的人，比现在那些为《教育法案》②争吵的人要明智得多。因为那些基督徒教义学家是在努力建立圣洁的统治，所以他们首先要努力定义何谓真正的圣洁。今天的教育学家在努力争取宗教自由，却不尝试去确立宗教或自由的含义。如果说过去的牧师要强迫人类接受一种陈述，他们至少会事先花一番气力使该陈述清楚明了，但今天的圣公会信徒和不从国教者在因一个教义发起迫害时，甚至不去陈述教义的内容。

因为这些以及很多其他原因，我逐渐确立了一个信念：要回归根本法则。这就是本书的总体思想。我希望来探讨我最杰出的同代人，不是探讨他们个人，也不是以纯文学的方式探讨，而是探讨他们所传授的学说内容本身。我关注的不是艺术表现生动的鲁德亚德·吉卜林，也不是个性强劲有力的吉卜林，而是作为异教徒的吉卜林，也就是说，我关注的是一个世界观与我截然不同的人。我关注的不是作为当今最聪明、最诚实的人之一的萧伯纳，而是作为异教徒的萧伯纳，也就是说，我关注的是一个哲学体系非常稳固、非常连贯，但也非常错误的人。我要重提13世纪的教义方法，总的希望是想把一些事情落实清楚。

假定在街上人们因为一件事而发生骚乱，比方说很多有影响力的人

---

① 字面意思是"本质相同"，该词被用来表达圣父和圣子本质上是相同的这一教义。在4世纪，人们对该词的恰当性曾产生激烈的争议。
② 1902年通过的一项法案，该法案建立起了一个由地方政府负责初等和高等教育的综合体制。该法案经过长时间激烈的争论才在议会通过。

都希望拆毁街上的一个灯柱。他们去征求一位身着灰衣的修士的意见。这位修士是中世纪精神的化身,他开始用经院哲学家那种毫无生气的语调说:"我亲爱的弟兄,让我们首先来思考一下光的价值。如果光本身是好的……"说到这里,他便被击倒在地。而这可以算作情有可原吧。所有人都冲向那个灯柱,十分钟内灯柱便倒下了,于是大家四处奔走相告,庆贺这种中世纪所没有的实践性。可是随着事情的发展,一切并非一帆风顺。有些人拆毁那个灯柱是因为想要电灯;有些人是因为想要废铁;有些人是因为作恶,希望黑暗;有些人认为那个灯柱没有尽职,另一些人认为那个灯柱尽职得过头;有些人行动是因为想要破坏市政设施,另一些人只想砸烂点什么。于是夜间就发生了战斗,谁也不知道他打的是谁。渐渐地,不可避免地,今天、明天或后天,大家认识到那位修士最终还是对的,一切都取决于光的基本原理是什么。只是我们原本可以在汽灯下讨论的事情,现在只得在黑暗中讨论了。

第二章 论否定的精神

对隐修士们的病态的心理、对往往伴随着修士修女异象的那种歇斯底里，人们已经谈了很多，而且谈得也很正确。但是我们永远不要忘记，这种耽于幻想的宗教信仰在某种意义上必然比我们现代理智的道德更健康。这种信仰之所以更健康是因为，在为了伦理理想而进行的无望的奋斗中——用斯蒂文森的话来说，在"失败的美德之战"①中（斯蒂文森的表达一向都惊人地恰当），它仍然能够沉思成功或胜利的理念。相反，现代的道德只能绝对确信地指向违背律法所带来的种种可怕的后果。现代道德唯一确信的是恶，它只能指向不完美，不能指向完美，因为在它看来不存在这样的完美。默想基督或佛的僧侣心中却有一个全然健康的形象，一个有着鲜明色彩和洁净空气的东西。他对这种理想的健康和幸福的沉思也许过度，也许到了忽视或排除生活基本需要的程度，也许到了坠入梦幻或胡言乱语的地步，尽管如此，他沉思的仍然是健康和幸福。他甚至可能癫狂，但他癫狂是由于对清醒的爱。现代研究伦理的学者则不然，他即便保持清醒，那也是由于对癫狂疯狂的害怕而保持的清醒。

与头戴丝绸礼帽、走在廉边大街②上的很多清醒人相比，一个因狂热的顺服而在石头上辗转反侧、折磨肉身的隐修士从根本上说身心要健

---

① 罗伯特·路易斯·斯蒂文森（Robert Louis Stevenson）在《穿越平原》（1892）的"尘土与影子"中写道："仍在默默地打那失败的美德之战，仍在妓院里、绞刑架上紧抓荣誉的碎片——他们灵魂的可怜珠宝——不放！"
② 伦敦金融区的一条大街。

康得多，因为很多这样的隐修士正是通过对恶的认识逐渐减少而保持身心健康的。在此我只想指出隐修士的这点主要的长处：他也许将自己弄得很虚弱，很悲惨，但他的思想仍主要集中在巨大的力量和幸福上，而且这种力量是无限的，这种幸福也是无边的。毫无疑问，关于神祇和幻想对道德的影响（不管这种影响是在隐修室里还是在大街上），人们还会提出其他异议，这些异议不无道理。但是，这种神秘的道德一定始终具备一点长处，那就是，它令人更加愉快。一个年轻人可以通过不断地想到疾病来防止自己作恶，他也可以通过不断地想到童贞女马利亚来防止自己作恶。哪种方法更合理，甚至哪种方法更奏效，也许有待讨论，但哪种方法更健康却是无可争议的。

我记得真诚、能干的现世主义者富特（G. W. Foote）写过一本小册子，里面用到一个词，这个词明确地象征并且区分了这两种方法。小册子的名字叫《啤酒和圣经》。啤酒和圣经原本就是两样非常高贵的东西，因为联系在一起，就越发显得高贵。从富特先生那种严格的老式清教徒的角度，他似乎认为，这一联系具有讽刺意义，我却认为这一联系很好，很恰当。我现在手头没有这本小册子，但我记得，富特先生对任何企图借助宗教仪式或代祷的方式解决酗酒问题的做法都嗤之以鼻。他说，对于戒酒，一张醉汉肝脏的照片比任何祷告或赞美要灵验得多。我认为，富特先生这一形象化的表达是现代伦理不可救药的病态的最佳体现。在现代伦理的殿堂中，灯影绰绰，众膝下拜，庄严的颂歌声起，然而，在众膝朝之跪拜的祭坛上的，不再是那个完美的肉身——那位完全人的身体和本体。在那里的仍然是肉身，但它是一个有病的肉身。这是醉汉的肝所立的新约，是为我们破碎的，我们领受这肝，为的是记念他。

很多头脑清醒的人都真心地反对 19 世纪的现实主义文学，这种反对背后的真正原因是现代伦理的这一巨大空白——对纯洁和灵性的胜利缺乏生动形象的描绘。若有哪位普通人说，他对易卜生或莫泊桑作品中谈论的话题，或谈论这些话题时所使用的平白的语言感到可怕，那他是在撒谎。整个现代文明中每个阶层、每个行业的普通人的普通谈话是左拉做梦都永远不会想到要去描绘的。如此描写这类东西也不是新近养成的习惯，相反，倒是维多利亚时代的过分拘谨和沉默对人们来说仍旧新鲜，尽管这份拘谨和沉默已经在消逝。在我们的文学当中，很早就开始有直言不讳的传统，这个传统只是到新近才衰落。事实上，无论一个诚实的普通人对自己情感的描述多么含糊不清，他对现代人的那种直言不讳都既不会感到厌恶，也不会感到愤怒。令他厌恶的（这种厌恶很合情合理）不是文学作品中呈现出了一种清晰的写实主义，而是文学作品中没有呈现出一种清晰的理想主义。真实强烈的宗教情感从不反对写实主义，相反，宗教以前就是写实主义的，是蛮横的，充满谩骂的。这是不从国教主义近年来的一些发展形式与17世纪伟大的清教主义之间重大的差别所在。根本不在乎体面，这是清教徒全部的特征所在。不从国教主义的创立者们用一些不雅的名词和形容词大骂国王和女王，以此显示自己信仰的独特；而现代不从国教主义的报纸恰恰禁止使用这些名词和形容词，以此来显示自己与众不同。但是，如果说坦率地谈论恶是宗教的主要权利，那么，坦率地谈论善则是一切领域的主要权利。易卜生所代表的那种伟大的现代文学遭人恨恶（这种恨恶是完全正当的）的原因在于：当那只能够洞察错误的眼睛变得异常明亮、将一切错误尽收眼底时，那只洞察正确的眼睛却无时无刻不在逐渐变得混浊，直至因为怀疑几近失明。我们若将《神曲》中的道德与易卜生《群鬼》中的道德进行比较，就会明白现代伦理实际所做的一切。我想，没有人会指责"地狱篇"的作者像维多利亚早期的人那样过分拘谨，或具有波多斯纳普（Podsnap）[①]式的乐观主义。但是，但丁描绘了三种道德工具——天堂、炼狱和地狱，让人们分别看到了完美、改善和失败的景象。易卜生只有一种工具——地狱。人们常说（说得完全正确），没有人在读了类似《群鬼》这

[①] 波多斯纳普是狄更斯作品《我们共同的朋友》中的一个人物，是自我满意和自以为重的典型。

样的剧本后,对道德自律的必要性问题仍漠不关心。的确如此。可以说,一个人在读了对永火最可怕、最形象的描述后也会如此。在某种意义上说,左拉这类的写实主义者无疑促进了道德,他们促进的方式与刽子手和魔鬼相同。但是,他们只会影响一小部分人,而这部分人,只要我们不要求他们具备勇敢的美德,他们会乐意接受任何美德。大多数健康之人对这些道德危险嗤之以鼻,正如他们对可能遭受炸弹或细菌侵袭的危险嗤之以鼻一样。像投放炸弹者一样,现代的现实主义者是恐怖分子,力图制造惊险恐怖,但同样失败了。无论是现实主义者还是投放炸弹者,他们本意都是好的,他们致力于用科学提高道德,但这项工作显然最终前途无望。

有些思想含糊的人认为易卜生是他们所谓的悲观主义者,我希望读者片刻也不要将我与这些人混淆。易卜生的作品中有很多健康的人,很多好人,很多快乐的人,很多行动理智堪做榜样的人,也有很多以大团圆结束的故事。这不是我想要说的。我想说的是,对何谓人生真正的智慧和美德,易卜生在作品中自始至终都含含糊糊,不但持一种怀疑的态度,而且持一种变化的态度,对此他没有掩饰。对他洞察出是恶之根源的东西——某种习俗、某种欺骗、某种无知,易卜生果断地予以抨击,他在智慧和美德问题上的含糊与这种果断形成了鲜明的对比。我们知道《群鬼》的主角发疯了,并知道他为何发疯;我们也知道斯托克曼博士(Dr. Stockman)神志清醒,但我们不知道他为何神志清醒。易卜生声明他知道我们现代的性悲剧是如何产生的,但他没有在同样的意义上声明,他知道美德和幸福是如何产生的。在《社会之柱》中,谬误导致了毁灭;但在《野鸭》中,真理同样导致了毁灭。易卜生主义中没有基本的美德,易卜生作品中没有理想的人。所有这一切,萧伯纳在《易卜生主义的精华》一文中(这是对易卜生的颂扬中最有价值、最有创见的一篇文章)不仅予以了承认,而且还予以了褒扬。萧伯纳是这样总结易卜生的:"金规则就是不存在金规则。"在他看来,易卜生非凡的过人之处正是在于他的作品中缺乏一个永恒、积极的理想，没有为美德提供一个永恒的答案。在此我不想全面地讨论这是否属实，我只想斗胆指出，并且越来越确信，这种缺失（好也罢，坏也罢）都使我们面对这样一个问题，那就是：人的良心中现在充满的是非常明确的恶的概念，却没有任何明确的善的概念。从今以后，光对于我们一定是黑的东西——我们无法述说的东西。光对于我们，就像对弥尔顿《失乐园》中地狱之都①里的魔鬼一样，是可见的黑暗。根据宗教的说法，人类曾经堕落，在堕落的过程中获得了有关善恶的知识。现在我们再次堕落，这次我们只保留了有关恶的知识。

在我们这个时代，北方文明②经历了一场无声的大崩溃，并使人们笼罩在一种挥之不去的失望情绪中。历世历代人们都在流血流汗，甚至被钉十字架，以期发现何谓真正正确的人生，何谓真正的好人。现代世界有相当一部分人无疑已经得出结论，认为这些问题不存在答案，我们最多只能在明显危险的地带竖立几块标牌，例如，告诫人们不要酗酒至死，不要无视他们邻人生存之疾苦。易卜生是第一个从那场受挫的寻求中返回，向我们报告大败的人。

现代每个流行的词汇、每种流行的理想都是一个托词，想要回避何为善这个问题。我们喜欢谈论自由，当我们谈论自由时，自由是一个托词，借此我们避免谈论何为善。我们喜欢谈论进步，而进步也只是一个托词，借此我们避免谈论何为善。我们喜欢谈论教育，而教育也只是我们借此避免谈论何为善的一个托词。现代人说："让我们撇下所有这些武断的标准，拥抱自由吧。"按照这句话的逻辑翻译出来，它也就是说："让我们不要确定何为善，让我们以不确定何为善为善吧。"现代人说："让你那些古老的道德准则见鬼去吧！我追求的是进步。"按照逻辑陈述

---

① 弥尔顿《失乐园》中提到"撒但及其同党的大都"（I，756）。在地狱中没有光，只有"可见的黑暗"（I，63）。
② 指发达国家的文明。——译者注

出来，这句话的意思就是："让我们不要确定何为善，让我们确定我们现在是否在获得更多的善吧。"现代人说："朋友，人类的希望既不在宗教也不在道德，而在教育。"清楚地表达出来，这句话的意思就是："我们不能确定何为善，但是让我们给予孩子们善。"

眼光极其敏锐的 H. G. 威尔斯最近在著作中指出，这种现象与经济学问题有关联。威尔斯先生说，过去的经济学家作出一些概括性的结论，（在他看来）这些结论大多数是错误的；但是，现代的经济学家似乎彻底丧失了作出概括性结论的能力。他们用一个笼统的宣称掩盖自己的这种无能。他们宣称自己被视为某些具体领域中的"专家"，这种宣称"对理发师或时髦的医生来说是恰当的，但对哲学家或科学工作者却不恰当"。虽然威尔斯先生理性地指出了这一点，提醒了我们，但我们必须说，他自己也同样陷入了这一巨大的现代误区。在他杰出的著作《创造中的人类》的开篇，他摈弃了艺术、宗教、抽象道德等的理想，声明他准备从人的主要功能——为人父母的功能——来考察人。他准备将人生看作"一连串的出生"来讨论，他不准备问什么能造就出令人满意的圣人或英雄，而要问什么能造就出令人满意的父母。威尔斯先生如此合情合理地提出这一切，读者至少不会立即意识到这是无意识回避的又一例证。我们若不能确定做人有何益处，那么，生儿育女有何益处？你只是将一个自己不敢解决的问题传递给了子女。这如同一个人问另一个人："锤子有何用途？"答曰："可以用来制作锤子。"那人又问："那些制作出来的锤子有何用途？"答曰："再用来制作锤子。"那个人永远搪塞对锤子最终用途的回答。像他一样，威尔斯先生以及我们所有的人也用自由、进步、教育这类词汇成功地搪塞了对人生终极价值这一问题的回答。

笼统地谈论进步实际上是一个极端的例子。按照我们今天所阐明的含义，进步只是一个比较级，其最高级我们还没有确定。我们用进步这个另类的理想代替宗教、爱国主义、美或非理性的快乐等的理想，换言之，我们不是建议人们去获得某个为人所知的东西，而是建议他们去获得多得多的无人所知的东西。对于进步,若理解得正确,它其实有很庄严、很合乎逻辑的含义。但是,作为明确的道德理想的对立物,它就不免荒谬可笑。认为应该用进步这一理想来弥补伦理或道德终极性的理想,这种观点远非正确,正确的观点应该恰恰相反。若没有一个明确的信条和一个坚定的道德准则,任何人都无权使用进步一词。不坚持一种教义,任何人都不可能进步。我甚至可以说,若非永无谬误——至少,若不信奉某个永无谬误的东西,任何人就不可能进步。因为进步这个词字面上就暗含了方向的意思,只要我们对那个方向稍有怀疑,我们对进步也就产生了同等的怀疑。也许自创世以来,没有哪个时代比我们这个时代更无权使用进步这个词。在天主教占主导地位的12世纪和哲学占主导地位的18世纪,社会前进的方向可能正确,也可能错误,人们对社会朝某个方向走了多远可能或多或少有争议,但对前进的方向,他们的观点大体上是一致的,因而也有一种真正的进步感。但是今天,我们恰恰在方向问题上产生了分歧。未来的幸福究竟取决于制定更多的法律还是更少的法律,取决于更多的自由还是更少的自由;财产最终究竟应该集中还是分散;性激情究竟是在近乎纯洁的唯理智论中还是在纯动物的自由中表现得最为合理;我们究竟应该像托尔斯泰那样爱别人,还是应该像尼采那样不饶恕别人……这些实际上是我们争执得最激烈的问题。诚然,我们这个进步的时代是一个对何谓进步最没有把握的时代,非但如此,这个时代中最进步的人也是对何谓进步最没有把握的人。普通大众——那些从来不为进步问题困扰的人,我们也许可以把社会的进步托付给他们。当一声枪响惊醒人类的时候,那些谈论进步的人无疑会四散而逃。因此,我并非说进步一词毫无意义,而是说,事先不对一个道德教义进行定义,进步一词是毫无意义的,进步只能用在那些共同持守此道德教义的群体身上。进步并非一个不合乎逻辑的词,但从逻辑的角度看,对我们而言,它显然是不合乎逻辑的。进步是一个神圣的词,唯有信仰时代中坚定的信仰者方能正确地使用。

第三章　论鲁德亚德·吉卜林与使世界变小

世界上不存在索然无味的话题，只存在不感兴趣的人。我们需要为令人厌烦的人辩护，没有什么需要比这更迫切的了。当拜伦将人分为两类时——令人厌烦的人与感到厌烦的人，他没有提到，高尚的品质无一例外地存在于令人厌烦的人身上，而卑劣的品质都存在于感到厌烦的人身上，拜伦将自己归入了第二类。令人厌烦的人以其过分乐观的热情、神圣的幸福感在某种程度上证明自己是富有诗意的；感到厌烦的人则明确无疑地证明自己是平凡乏味的。

毫无疑问，我们会认为将世界上所有的草叶或树叶都数一遍是一件讨厌的事情。我们之所以认为它讨厌，不是因为我们勇敢或快乐，而是因为我们缺乏勇敢和快乐。令人厌烦的人会勇敢快乐地向前，发现草叶与军队的利剑一样光彩夺目。令人厌烦的人比我们更坚强、更快乐，他是半神半人——不，他是个神。因为，只有神祇才不厌倦循环往复，对他们而言，每个黄昏都是新的，最后一朵玫瑰与第一朵玫瑰同样鲜艳。

认为每样事物都富有诗意，这种感觉不只是一个措辞或见解的问题，而是一个确实、可靠的东西，不但正确，而且可以证明。有人可能会挑战人们去否认这一点，挑战人们去提及某个不具有诗意的事物。我记得很久以前有个聪明的副编辑（sub-editor）拿着一本书来找我，书名大概叫《铁匠先生》（*Mr. Smith*）或《铁匠一家》（*The Smith Family*）什么的，他说："这个书名没有任何悬念和神秘色彩"，或者诸如此类的一些话。我可以很庆幸地说，我当时就纠正了他的错误，轻而易举地做到了这一点，道理很显然：在大多数情况下，尽管事实是富有诗意的，称谓却不，但铁匠这个称谓却是如此富有诗意，以至于一个铁匠要想做到名副其实，那必定是一件艰难的英雄之举。铁匠这个称谓是连国王都肃然起敬的行业的称谓，"武器与我所歌颂的人"①中一半的荣耀都可以归它所有，所有的史诗都称颂这份荣耀。铁匠的精神如此接近诗歌的精神，乃至它已经融汇在成千上万的诗歌中，每一个铁匠发出的锤击声都那么悦耳动听。

即便是村野儿童，当他们在大山洞里尽情地享受那种创造的猛力所迸发的飞舞的火星和震耳欲聋的锤击声时，他们也会认为，从某种朦胧的意义上说，铁匠是富有诗意的，杂货商与皮革匠则不是。自然原始的宁静，人类充满激情的灵巧，金属中最坚硬者，地球元素中最奇特者，在它唯一的征服者手下降服的不可征服的铁，车轮与犁头，利剑与汽锤，军队的装束与武器上一切的镌刻文字，所有这些都写在铁匠的名片上，虽然简要，但非常清楚。我们的小说家有权赋予他们的主角这一神圣的名字 Smith（铁匠）——这个由铁与火焰构成的名字，但是他们却给他取名为"Aylmer Valence"或"Vernon Raymond"，这些名字都毫无意义。假如所有的铁匠都能以某种特定的倨傲、某种特定的头姿或某种特定的撇嘴表情与众人区别，这也是很自然的。其他所有的人都可能是暴发户，但铁匠却不是。从历史最黑暗的黎明时分起，铁匠一族就出发去征战，人人手上都握有他们的战利品，到处可见他们的名字，他们的存在比国家更悠久，他们的标志是雷神之锤。

但是正如我也曾提到的，通常情况下人们并不认为铁匠这个名字是富有诗意的。普通的事物富有诗意，这很常见；普通的名字富有诗意，这不那么常见。在大多数情况下，名字是障碍。很多人认为，我们这一宣称——所有事物都富有诗意——只是一种文字上的精巧，是在玩文字游戏。事实恰恰相反。认为有些事物没有诗意，这种想法才是真正停留

---

① 维吉尔的史诗《埃涅阿斯纪》的开篇。

于字面的,是纯文字的产物。"信号塔"这个词没有诗意,但信号塔这一事物却并非没有诗意。它是这样一个地方,在那里,辛苦警戒的人点燃血红和海绿色的火焰使其他人免遭死亡。这是对信号塔真实平白的描述,只有在它被称为信号塔时,那种平凡乏味才出现。"邮筒"①这个词没有诗意,但邮筒这个事物却并非没有诗意。它是这样一个地方:朋友们、恋人们将信托付给它,意识到在自己这样做了之后,这些信就成为神圣的,不仅不会被他人触摸到,甚至不会被自己触摸到(神圣的触摸!)。那个红色的塔状物是最神圣的圣殿之一。邮信和结婚是如今还剩下的少数几件全然浪漫的事情,因为一件事情要想全然浪漫,那它必须是不可取消的。我们认为邮筒平凡乏味,因为它没有韵律;我们认为邮筒没有诗意,因为我们从未见它出现在诗歌中。但是,那个公然的事实却完全属于诗歌之列。信号塔只是被称作信号塔,但它实际是一座生死攸关的房子;邮筒只是被称作邮筒,但它实际是人类话语的圣所。你若认为铁匠这个名字平凡乏味,那不是因为你理智、讲究实际,而是因为你患上了严重的文字修饰症。这个名字在高声向你唱诗。你若不这样认为,那是因为你彻底沉浸在文字的回忆当中,因为你想起了《笨拙周刊》或《连环漫画》中一切有关铁匠先生醉酒或怕老婆的故事。所有这些故事都是富有诗意地呈现给你的,你是通过一个漫长而又煞费苦心的文字修饰过程,才使它们变得平凡乏味的。

  关于鲁德亚德·吉卜林,我们首先要说的一点,对他来说也是最公正的一点,是他在收复诗歌失去的疆域中起到了十分重要的作用。他不畏惧那种蛮横的、拘泥于文字的唯物主义态势,突入到事物本身浪漫、富有想象力的内容当中,洞察到蒸汽、俚语等的哲理和重要性。如果你愿意,你可以视蒸汽为科学所带来的不洁的副产品,视俚语为语言所带来的不雅的副产品。但是,吉卜林至少是如下那些为数不多的人之一:

---

① 标准的英国信箱,呈柱状,漆成红色。

这些人看到了事物的神圣起源，知道无火不生烟，即何处有最肮脏之物，何处也就有最纯洁之物。毕竟，吉卜林有话可说，而且对要说的东西，他有一个明确的观点。这一点始终说明一个人是无畏的，勇于面对一切。如今，我们有一种关于宇宙的观点，即认为我们拥有宇宙。

吉卜林所要传达的信息，是他一向真正专注的事情，也是在他或任何其他人身上唯一值得担忧的事情。吉卜林像华兹华斯一样常常写一些蹩脚的诗歌；他也像柏拉图一样常常说一些愚蠢的话；他还像格莱斯顿一样常常向纯政治性的歇斯底里妥协。但是任何人只要有理性，就不会怀疑吉卜林一直真心实意地想说点什么。唯一关键的问题是：他一直试图想说的东西到底是什么？要想把这一点清楚地表明出来，最好的办法也许是从他自己和他的反对者一向最强调的那个要素——我指的是他对军国主义的兴趣——入手。然而，在寻找一个人真正的优点时，求教于他的反对者是不明智的，求教于他自己则更加愚蠢。

吉卜林崇拜军国主义无疑是错误的，他的反对者总体来说和他一样错误。军国主义的罪恶不在于它表明了一些人的残忍、傲慢和过于好战，而在于它表明了一些人的顺从、胆怯和过于和平。当一个社会总体的勇气下降时，职业军人的权力就会越来越大，所以，当罗马帝国越来越奢侈、越来越软弱时，禁卫军①在国家的地位就变得越来越重要。当平民失去军人的美德时，军人就相应地获得了民用的权力。古罗马如此，当代欧洲也是如此。历史上从未有过一个时期像古罗马时期那样，国家是如此地好战，而百姓又是如此地怯懦。所有时代、所有史诗都讴歌武器与人，但我们已经同时实现了人的素质的下降和武器难以置信的完善。军国主义表明了罗马的衰微，也表明了普鲁士的衰微。

吉卜林无意之间极好地证明了这一点。只要我们认真地理解他的作品，就会发现，军事绝不是他作品中最重要、最具吸引力的内容，他对

---

① 罗马皇帝的警卫队，在其影响发展到足以拥立和废除皇帝后，于公元 312 年被解散。

士兵的描写不及他对铁路工人、桥梁建设者甚至记者的描写。实际上，引起吉卜林对军国主义的兴趣的，不是勇气而是纪律的观念。在中世纪，国王没有常规军，但人人都有弓箭，勇敢之人占总人口的比例要比今天高得多。常规军吸引吉卜林的不是它的勇气（吉卜林对勇气几乎不感兴趣），而是它的纪律，纪律归根结底是他首要的主题。现代军队不是勇气所创造的奇迹，由于他人的怯懦，现代军队没有充分展现勇气的机会。但是，现代军队确实是组织所创造的奇迹，这是真正吉卜林式的理想。吉卜林的主题不是战争本身应有的勇敢，而是工程师、水手、骡子和火车头都同样拥有的那种相互依存与效率，所以，他在写工程师、水手、骡子和火车头时达到了他的最佳水平。真正的诗歌——吉卜林所传授的"真正的浪漫"，是所有行业中分工协作和纪律的浪漫。他对和平艺术的颂扬比对战争艺术的颂扬要准确到位得多。吉卜林的主要论点是极其重要和有价值的。一切都取决于服从，在这个意义上，一切都是军事的。不存在纯粹喜爱享受的角落；不存在纯粹不负责任的地方。在每一处，人们都已经用汗水和顺服为我们开辟了道路。我们可能会一时冲动，在疏忽中扑进一张吊床，然而令人欣慰的是，制作吊床的人并没有一时冲动，在疏忽中制作这张吊床；我们可能会为了逗乐，跳上孩子的摇摇马，然而令人欣慰的是，木匠并没有为了逗乐而不将摇摇马的腿粘牢。吉卜林宣扬的远非只是：一名擦拭武器的士兵因为是军人，所以应当受到敬慕；吉卜林在他最好、最清晰的作品中也宣扬了这一点：烘烤面包的师傅、裁剪服装的裁缝和所有人一样，也是军人。

　　因为持守这种多重的责任观，吉卜林天生是一位世界主义者。他碰巧在大英帝国找到了例证，然而差不多在每个帝国，确切地说，在每个高度文明的国家，他都可以找到例证。他在英国军队身上欣赏的东西，在德国军队身上则更明显；他渴望英国警察所应具备的东西，却在法国警察当中盛行。纪律这一理想不是生活的全部，但它遍布整个世界。对纪律的崇拜常常使吉卜林更加认可世俗智慧的一种特征——流浪者经历中的一种特征，这是他最优秀的作品真正的魅力之一。

吉卜林思想中有一个巨大的空白，我们大致可以称之为爱国主义的缺乏，也就是说，吉卜林彻底缺乏那种能够使他最终悲剧性地成为一个事业或群体一部分的官能，因为一切的终极性必定都是悲剧性的。他赞赏英国，但不爱英国，因为，我们赞赏是有理由的，爱却没有理由。他赞赏英国是因为她强大，而不是因为她是英国。我们这样说毫无苛刻之意，因为，说句公道话，他以自己一贯形象化的坦率公开承认了这一点。在一首非常有趣的诗歌中，他写道：

假如英国是她表面所是

——软弱、没有效率；假如英国不是（他相信）她实际所是——强大、讲究实际——那么：

我们会怎样快快地将她抛弃！然而她不是！

也就是说：他承认自己对英国的忠诚是评价后所得的结果。这就足以将它归入另一类爱国主义，一种完全不同于布尔人的爱国主义（他曾到南非追寻布尔人的足迹）。在谈到真正爱国的民族，例如爱尔兰人时，他在语言中很难抑制住一种强烈的愤怒。他真正用优美、崇高的笔调描述的精神状态是一个游历甚广的世界主义者的精神状态。

> 去赞赏，去观看，
> 观看如此广阔的世界。

一个曾为多国公民的人在回首往事时会带有一种淡淡的忧郁，一位曾是多名女性情人的男人在回首往事时亦会如此，吉卜林在表现这种忧郁方面是十足的大师。他是玩弄国家的人。男人从调情中也许能了解女性的很多方面，但对初恋仍然一无所知；同样，一个人可能像尤利西斯那样了解多国，但对爱国主义仍然一无所知。

在一首著名的讽刺短诗中，吉卜林曾问那些只了解英国的人，问他们能了解英国什么。我们要问："对那些只了解世界的人，他们能了解英国什么？"这是一个极为深刻、犀利的问题，因为世界不包括英国，正如世界不包括教会。我们一旦深入关注某个东西，世界——其他一切各种各样的兴趣——就成为了我们的敌人。基督徒在谈到要保持自我"不受世界的污染"时，就表明了这一点；恋人们说他们"对周围的世界浑然不觉"时，同样表明了这一点。从天文学的角度说，我知道英国位于这个世界；同样，我想教会也曾经是世界的一部分，甚至那些恋人也是地球上的居民。但他们都感受到了某个真理，那个真理就是：你一旦爱上某个东西，世界就成为你的敌人。吉卜林无疑了解世界，他是世界之人，具有囚禁于那个星球之人的一切局限。他了解英国就像一位聪明的英国绅士了解威尼斯。他去过英国多次，也在那里逗留过很长时间，但他不属于英国或任何一个地方。他把英国看作一个地方，这就是极好的证明。一旦我们扎根于一个地方，这地方就消失了。我们就像一棵树一样生长，拥有宇宙全部的力量。

四处奔走的人生活的世界比农民还要小，他总是呼吸某个地区的空气。与芝加哥相比，伦敦是一个地方；与廷巴克图①相比，芝加哥是一个地方。但廷巴克图不是一个地方，因为在那里至少住着一些人，他们视廷巴克图为宇宙，呼吸的不是地区的空气，而是世界之风。坐轮船一等舱旅行的人见过各色人种，考虑的是那些划分人类的东西——饮食、服装、礼仪、非洲人穿的鼻环、欧洲人戴的耳环、古代人使用的蓝色油彩、现代英国人使用的红色油彩等等。在白菜地里干活的农民没见过任何世面，但他考虑的是那些将人类连结在一起的东西——饥饿与婴儿、女性的美、好天气或坏天气的征兆，等等。吉卜林具有各种各样的优点，他四处奔走，没有耐心成为任何东西的一部分。像他这样伟大真诚的人，我们不应该指责他信奉纯粹出于愤世嫉俗的世界主义，尽管如

---

① 马里城市。——译者注

此，世界主义仍然是他的弱点。这种弱点在他最好的一首诗《高贵的流浪汉的六节诗》中充分地体现出来。在这首诗中，一个人宣称他可以忍受一切的饥饿或恐惧，但不能忍受永远居住在一个地方。这当中无疑隐藏着危险。一个东西越是枯干、缺乏活力、没有生气，就越容易四处游荡，灰尘如此，蓟花的冠毛、南非的高级专员也如此。有繁殖力的东西都更加沉一些，就像生长在尼罗河肥沃的淤泥中果实累累的沉沉大树。年轻时，我们在愤怒的无所事事中，都倾向于反对谚语"滚石不生苔"的含义，我们往往会问："除了愚蠢的老妇人，谁想要积攒青苔？"尽管如此，我们却开始洞察到这个谚语是正确的。滚动的石头在岩石间滚来滚去，砰砰作响，但它是死的；青苔默默无声，因为它是活的。

实际上，探险与扩张使世界变小。电报与轮船也使世界变小，望远镜亦如此，只有显微镜才使世界变大。在不久的将来，使用望远镜的观测者和使用显微镜的观测者之间的大战将会把世界劈成两半：前者研究大事物，生活在小世界；后者研究小事物，生活在大世界。乘汽车飞驰环绕地球一周，感觉阿拉伯半岛只是一片沙石，如旋风呼啸而过；或是中国只是片片稻田，如闪电般疾逝，这无疑能激发人的灵感。但是，阿拉伯半岛不是一股沙石旋风，中国也不是一条稻田闪电，它们是古老的文明，拥有如埋藏的珍宝般奇妙的美德。若想了解它们，我们绝不能以游客或调查员的身份，我们必须带着孩子般的忠诚和诗人般的极大耐心。征服这些地方就是失去这些地方。站在自家菜园，仙境就在自家门口敞开的人，是有远大理想的人。他的头脑创造了距离，汽车则愚蠢地毁灭了距离。现代人把世界看作一个圆球，人们可以轻松环游，这纯粹是妇人之见。在谈论塞西尔·罗得斯（Cecil Rhodes）时，人们总是犯一个奇怪的错误，我们从中就可以看出这一点。罗得斯的反对者说他或许有远见，但他是个坏人；罗得斯的朋友说他或许是个坏人，但他无疑有远见。事实上，塞西尔本质并不坏，他非常友好，有很多良好的愿望，但他是一个眼光异常狭隘之人。例如，把地图涂成红色，这丝毫谈不上任何远见，只能说是供儿童娱乐的天真游戏罢了。坐在各大洲中思考与坐在鹅卵石中思考同样容易，但我们若想了解二者的本质，困难就出现了。罗得斯有关布尔人抵抗的预言①是对以下观点的一个极好的评论，这种观点就是：当我们面对的不是坐在各大洲中思考，而是去理解几个长着双腿的人时，"远见"发挥着何等巨大的作用。在世界性的行星（这颗行星拥有诸帝国和路透社）这个巨大的幻象之下，人类真实的生活仍在继续。人类关注的是这棵树或那座庙宇、这一季的收成或那一首祝酒歌，生活丝毫不受影响，也无人能够测透其奥秘。真实的生活从其美妙的地方观念的角度，或许还带着一丝被逗乐的微笑，观看着汽车文明一路胜利地前进：超越时间，消灭空间，眼见一切却又一无所知，一路轰鸣，最终占领太阳系，结果发现太阳不过是伦敦东区，众星不过是伦敦郊外。

---

① 罗得斯称布尔人的军事力量为"现今没被戳破的最大气泡"。

第四章　萧伯纳先生

在快乐的往昔，亦即在现代种种病态出现以前，和蔼的老易卜生让世界充满着有益于健康的欢乐，已被忘却的左拉创作的善良故事则使我们的家庭保持快乐纯洁。在那个时代，遭人误解通常被视为一件不利的事情。这是否总是（或通常是）一件不利的事情，也许值得怀疑，但遭到误解的人始终比自己的对手们更占有一点优势，那就是：对手们不知道他的弱点或他的作战计划。他们拿着鱼网出去捕鸟，拿着弓箭出去捕鱼。我们可以找出几个现代的例子。张伯伦先生①就是很好的一例。他常常难倒或击败对手，是因为他真正的能力和缺点与他的朋友和敌人所认为的都不同。他的朋友们将他描绘成精力充沛的活动家，他的对手们则将他描绘成一个粗俗的商人，而他实际上既非此亦非彼，只是一个令人佩服的浪漫演员与演说家。他有一种能力，这种能力是传奇剧的核心，那就是即便在获得绝大多数人支持时，仍然假装自己处于绝境。这是因为，所有的下层民众都是如此地侠义柔肠，主角必须装出一副可怜样——这种虚伪是力量向软弱表示的敬意。他谈到自己的城市时讲了些蠢话，但讲得非常委婉，而他的城市从未遗弃他，他像一个颓废的名不见经传的诗人一样戴着一朵鲜艳的大红花。至于他的坦率、强硬和诉诸常识，所有这些当然只是雄辩术所玩的第一个小把戏。他面对听众时带着马可·安东尼那种令人肃然起敬的做作：

---

① Joseph Chamberlain (1836—1914)，英国政治家，1895—1903年担任国务大臣，负责殖民地工作，帝国联邦热烈的拥护者，被错误地批评为促成了布尔战争，但他无疑支持这场战争。

> 我与布鲁图不同,绝非一位演说家,
> 众所周知,我是个平凡愚钝之人。

这就是演说家与其他艺术家(如,诗人或雕塑家)在目的上的截然不同:雕塑家的目的是使人相信他是雕塑家;演说家的目的是使人相信他不是演说家。一旦我们错将张伯伦当成一个注重实际的人,他的花招就得逞了。他只需要构思一个有关帝国的主题,人们就会说,这些平凡的人在重大场合发表了重要讲话;他只需要在所有二流的艺术家都共同持有的那些松散宽泛的观念中随波逐流,人们就会说,毕竟商人们具有最远大的理想。他所有的诡计都已经灰飞烟灭,他谈到的东西没有一样不曾引起混淆。关于他这个人,凯尔特人有一句哀婉动人的诗句,正如马修·阿诺德(Matthew Arnold)引用的诗句中谈到的盖尔人:"他出发去战场,却总是倒下。"张伯伦先生的提议堆积如山,他经历的失败也堆积如山,但他仍然是一座山,而山永远是浪漫的。

当代有这么一个人,此人在每一点上也许都可以说与张伯伦先生对立,他也是一个因遭误解而得益的标准的典型。萧伯纳总是被不赞同他的人,恐怕还有赞同他的人(假如这种人存在),描绘成一个蹦来蹦去的幽默家、一个令人眼花缭乱的杂技演员、一个善变的艺术家。据说他的话人们不能太当真,他会为一切辩护,也会抨击一切,只要能使人惊奇、逗人发笑,他什么事都会做。所有这些看法不仅是错误的,而且与事实明显相反。这种说法是如此轻率,就好像是在说狄更斯不具有简·奥斯丁那种雄壮的男子气概那样。萧伯纳全部的力量及其取得的所有胜利都在于他完全是一个始终如一的人。他的能力远不在于跳铁环或倒立,他的能力在于昼夜不分地坚守自己的堡垒。他迅速、严格地将"萧氏准则"应用于天上地下发生的事情上,他的标准从不改变。意志薄弱的革命者和意志薄弱的保守党分子真正恨恶(和害怕)他的正是这一点:他的天平尽管质量不过如此,却始终保持平衡;他的法则尽管可信度不过如此，却总是公正地得以实施。你可以像我一样抨击他的原则，但我不知道你是否有机会抨击其原则的应用。如果他不喜欢无法无天，他对个人主义者的无法无天和社会主义者的无法无天就会同样地恨恶；如果他不喜欢爱国主义的狂热，他就会既恨恶英国人的爱国主义狂热也恨恶布尔人和爱尔兰人的爱国主义狂热；如果他不喜欢婚姻的誓言和契约，他就越发恨恶不法爱情中更加轻率的誓言和更加残忍的契约；如果他嘲笑牧师的权威，他就更加嘲笑科学家的自负；如果他谴责信仰的不负责任，他就会很理性且始终如一地谴责艺术同样的不负责任。他说女性与男性平等，这令所有放荡不羁的文人欢喜；但他暗示男性与女性平等，这激怒了他们。他近乎机械般地公正，带有点机器那种可怕的特性。真正头脑发晕、狂热的人，真正异想天开、难以捉摸的人，不是萧伯纳先生，而是普通的内阁大臣。跳铁环的是希克斯·比奇准男爵①，倒立的是亨利·富勒②。像他们这种可信赖、受人尊敬的政治家确实从一种立场跳到另一种立场，真正随时准备为一切或不为一切辩护，他们的话确实不应该当真。我非常清楚三十年后萧伯纳先生将要说什么，他会说他已经说过的话。倘若三十年后我遇到萧先生（那时他将是一个银须垂地的虔诚老人），对他说："当然，我们永远不能对女性进行言语攻击。"这位年高德劭的老人会抬起他干枯的手，将我击倒在地。我说的是，我们大家都知道萧先生三十年后会说什么。但有谁会如此精通星象和神谕，以至于胆敢预测阿斯奎斯先生③三十年后会说什么呢？

明确信念的缺乏赋予了思想以自由与灵活性，这种观点实际上是错误的。有信念的人是敏捷、机智的，因为他所有的武器都在身边，能立

---

① Sir Michael Hicks-Beach（1837—1916），保守党政治家，1878—1880年任殖民地大臣，南非战争期间任财政大臣。
② Sir Henry Fowler（1830—1911），自由党领导人，批评英国对南非的政策，但称布尔战争为"正义的，不可避免的"。
③ Herbert Henry Asquith（1852—1928），在19世纪90年代两届自由党政府中担任内务大臣。由于他支持布尔战争，但反对这场战争采取的形式，所以，切斯特顿这样评论他也许是有根据的。

即运用他的准则。与萧先生发生冲突的人会以为萧先生有十副面孔；同样，与一位杰出的决斗士交手的人会以为对手的剑在手中变成了十把。实际上，这并非因为此人挥舞着十把剑，而是因为他那把剑瞄得很准。此外，有着明确信念的人总是显得古怪，因为他不随世界而改变，他已经爬上了一颗恒星，地球在他下方如旋转画筒飕飕移动。成千上万身穿黑外套的温和男士称自己明智、理性，只是因为他们总是追赶时尚的愚行，被世界这个大旋涡从一场疯狂匆匆逐进另一场疯狂。

人们谴责萧先生和很多比他愚蠢得多的人"将黑证明为白"，但他们从来不问，当今有关颜色的用语是否一向都是正确的。在日常用语中，我们有时候称黑为白，当然也称黄为白，称绿为白，称棕红色为白，这是很合理的。酒黄得像穿蓝制服男生①的腿，我们却称之为"白酒"；葡萄显然是淡绿色的，我们却称之为"白葡萄"。我们给粉褐色脸膛的欧洲人一个可怕的称呼，称他们为"白人"——一幅比艾伦·坡作品中任何一个鬼魂还要令人惊恐万分的画面。

诚然，毫无疑问，如果一个人向餐馆的侍者要一瓶黄色的酒和一些黄绿色的葡萄，侍者会认为他是个疯子。诚然，毫无疑问，如果一位政府官员在报告住缅甸的欧洲人时说："这里只有两千名面带粉色的人"，他会以开玩笑的罪名被解除职务。但同样显而易见的是，这两个人会因为讲绝对的实话而遭遇不幸。餐馆里那位过于诚实的人、缅甸那位过于诚实的人就是萧伯纳先生。他显得荒唐怪异，是因为他不肯接受白就是黄这一普通的信念。他所有的聪明才智和可靠性都建立在一个陈腐，然而被人忘却的事实之上，那个事实就是：真理比杜撰更奇怪。当然，真理必定比杜撰更奇怪，因为我们杜撰为的是合乎自己的利益。

合理地去欣赏萧先生，我们会发现他身上这些东西非常出色。 具有

---

① 指耶稣医院学生的腿。耶稣医院是伦敦著名的慈善学校，柯勒律治和兰姆曾在此求学，学校于1902年迁往萨塞克斯的霍舍姆。

激励作用。萧先生声称自己看到了事物的真相，不管怎么说，他的确看到了有些事物的真相，而我们整个的文明却根本没有看到。但是，萧先生的现实主义也有缺失，它缺失的那个东西非常重要。

萧先生那老一套且已得到公认的哲学有力地体现在《易卜生主义的精华》一文中。简单地说，这套哲学就是：保守的理想是有害的，有害不是因为它们保守，而是因为它们是理想。每一个理想都妨碍了人们公正地评判具体事物；每一个关于道德的概括归纳都压制了个体；金规则就是不存在金规则。我们反对萧先生的哲学，原因很简单：它表面上给予了人以自由，实则限制了人去做他唯一希望做的事。告诉一个社会说它拥有一切自由，唯独没有立法的自由，这有何意义？构成一个自由民族之标志的就是立法自由。告诉一个人（或哲学家）说他拥有一切自由，唯独没有概括归纳的自由，这有何意义？人之为人的标志就是能够概括归纳。简言之，萧先生禁止人类拥有严格的道德理想，这就如同一个人禁止人类生育一样。实际上，把"金规则就是不存在金规则"这句话倒过来，就可以作为对它的回应。不存在金规则，这本身就是一条金规则。更确切地说，这比金规则糟糕得多。它是一条铁规则，使人一步都挪动不得。

但是，近年来与萧先生有关的轰动性的事件是他突然提出了超人的宗教。一个明明嘲笑前尘旧事中各种宗教信仰的人，在无法想象的未来中发现了一位新神；一个对理想极尽批驳之能事的人，树立起了最虚无缥缈的理想——对一种新生物的理想。然而实际上，大凡对萧先生的思想有着充分了解、恰当地予以赞扬的人，一定早已经猜测到了这一点。

事实上，萧先生从未看到事物的真相，倘若他看到，他就已经在它们面前屈膝跪拜了。他总是抱有一个不为人知的理想，这个理想已经使世界上一切事物枯萎凋零。他自始至终都在默默地将人类与某种非人类的东西进行比较，与火星上的怪物、斯多葛学派宣扬的智者、费边主义宣扬的经济学人、裘利斯·凯撒、齐格菲、超人等进行比较。有这样一个内在、无情的标准可能是件大好事，也可能是件大坏事，可能幸运，也可能不幸，但它没有看到事物的真相。首先想到百手巨人布里阿柔斯，然后因为每个人都只长有两只手而称之为残疾人，这不是按照事物本来的面目去看它；首先想到百眼巨人阿耳戈斯，然后嘲笑每个人长着两眼，仿佛他们是"独眼龙"，这不是按照事物本来的面目去看它；首先想象一位思想无比清晰、在地球发展的晚期可能会也可能不会出现的半神，然后视所有人都为白痴，这不是按照事物本来的面目去看它。这就是萧先生在某种程度上一直在做的事。当我们真正按照人类本来的面目去看人类时，我们就不会去批评，而是去崇拜，这种崇拜是非常恰当的。因为，一个长着神秘的双眼、奇妙的大拇指、头脑中拥有奇怪的梦想、对这个地方或那个婴儿怀有一种奇特柔情的怪物的确是一个会使我们失常的奇妙东西。只有那种颇为武断自负的与其他事物进行比较的习惯，才有可能使我们在他面前感到轻松自在。优越感使我们保持孤傲，注重实际；纯粹的事实则使我们因为虔诚的敬畏而恐惧战兢。意识到生活的每一个瞬间都是无法想象的奇迹，这是事实；大街上的每一张面孔都具有童话故事里那种不可思议的出乎意料，这是事实。妨碍一个人意识到这一点的，不是经验，也不是敏锐的眼光，而是在事物之间进行迂腐、苛刻的比较的习惯。在注重实际方面，萧先生也许是当今世界最有人性之人，但在比较这个意义上，他是最没有人性之人。在某种程度上，他甚至沾染了他新拜为师的尼采思想上首要的缺点，即认为一个人越高大强壮，就越鄙视其他事物。这是一种奇怪的观点。但事实上，一个人越高大强壮，就越倾向于俯伏在一朵长春花面前。萧先生在众文明、众帝国这幅巨大的历史全景前保持高昂的头颅、倨傲的面孔，这本身不能使人们相信他看到了事物的真相。倘若我发现他以虔诚惊异的目光注视着自己的双脚，我倒会对他看到了事物的真相感到十分信服。我能想象他喃喃自语："我处处看到这两只勤劳漂亮的小东西，它们无端地为我服务，它们究竟是什么？是哪位仙女妈妈在我出生之时，命令它们一路小跑地离开精灵王国来到我这里？我应该向哪位边境之神、哪位掌管腿的原始之神献上火与酒，求得他的好感，以免它们离我而去？"

事实上，所有真正的欣赏都建立在谦卑与近乎无知所带来的一种神秘之上。一个人说"不抱任何期望的人有福了，因为他不会失望"，这人的颂扬是不充分，甚至是错误的。事实是，"不抱任何期望的人有福了，因为他会喜出望外"。不抱任何期望的人看到的玫瑰会比普通人所看到的更红，看到的草地会更绿，看到的太阳会更惊艳。不抱任何期望的人有福了，因为他将拥有城市与高山；温柔的人有福了，因为他将承受地土。只有意识到事物有可能不存在，我们才能够意识到事物的存在；只有看到黑暗这个背景，我们才能够将光当作一个独一的受造之物来欣赏。一旦我们看见了黑暗，所有的光就显得那么意外、明亮、炫目和神圣。想象不到虚无，我们就会低估上帝的得胜，对他远古之战的一切战利品均毫无意识。只有在一无所知时才能有所知，有关真理的不同寻常的俏皮话有千千万万，这是其中之一。

审慎地说，萧先生是一个难以感到满意的人，这是他伟大之中的唯一缺陷，是对他宣称自己是伟人的唯一答复。小小之物能博伟大之人的喜悦，对这一基本的普遍真理，萧先生可谓唯一的例外。由于谦卑——一切事物中最有趣之物——的缺失，使人们产生了对超人奇怪的坚持。在长年痛斥很多人不进步之后，萧先生以他特有的见识发现，在现今长着双腿的人当中是否会有人进步，这是非常值得怀疑的。在对人类能否与进步联系在一起产生怀疑后，大多数人因为容易满足，会选择放弃进步，继续与人类在一起。萧先生因为难以满意，所以决定将人类连同其一切的局限扔到一边，投身于为进步而进步。如果人类（正如我们所知）不符合进步的哲学，萧先生寻求的不是一种新哲学，而是一种新人类。这颇像一位乳母，在尝试喂了婴儿几年很苦的食物，结果发现这种食物不合适之后，她不是扔掉食物，寻求一种新的食物，而是将婴儿扔出窗外，寻求一个新婴儿。萧先生不明白，我们视为可爱宝贵的是人——那个年老、爱喝啤酒、爱定教义、喜爱打仗又常吃败仗、喜爱感官之乐、令人起敬的人。建立在这种受造物基础上的东西永远长存，而建立在对超人的幻想基础上的那些东西已经随着衰残的文明死去，唯有这些衰残的文明才诞生出那些东西。当基督在一个象征性的时刻创立他伟大的团体时，他既没有选择才华横溢的保罗，也没有选择具有神秘主义倾向的约翰，而是选择了一个做事草率、势利、胆小怯懦之人——总而言之，一个人——做它的房角石。在这块磐石上，他建立了自己的教会，阴间的权柄不能胜过它。所有的王朝帝国最终没落，皆因一个与生俱来、始终存在的弱点，即它们都由强人建立，建立在强人的基础之上。但历史性的基督教会，它建立在一个软弱之人的基础之上，因此是坚不可摧的。因为，无论多么结实的链子在它最薄弱的一环也会断掉。在这个意义上我们说，链子再结实，也胜不过它最弱的环节。

第五章　H. G. 威尔斯先生与巨人

对伪君子，我们应该深入探究，直到能洞察出他内心真诚之处。我们应该研究人身上这个最黑暗、最真实的部分，因为，蜗居在这个部分的不是他没有暴露出来的罪恶，而是他无法展现的美德。我们越带着这种敏锐、洞察一切的爱去研究人类历史问题，就越会发现，任何一种形式的纯粹虚伪都是很少见的。伪君子无法使我们上当，让我们视之为圣徒；他们也同样无法使我们上当，让我们视之为伪君子。在这个问题的探究上，我们可以找到越来越多的例子，这些例子证明：其实根本不存在虚伪，人们如此地真诚以至显得可笑，人们又如此地可笑以至显得不真诚。

我们下面举一个被不公正地指责为虚伪的显著例子。过去的宗教信徒表白自己近乎卑躬屈膝的谦卑，但他们又热切地追求世俗的成功，并且取得了可观的成就，这一点总是被人提出来，作为口是心非、言行不一的例子。一个人非常谨小慎微地称自己为可怜的罪人，另一方面又谨小慎微地称自己为法兰西国王——这被认为是骗人的鬼话。事实上，在基督徒的谦卑与热切地追求成功之间不存在有意识的表里不一，正如在恋人的谦卑与热烈的追求之间不存在有意识的表里不一一样。事实上，人们极力追求的东西正是他们知道自己不配拥有的东西。大凡热恋之人都会宣称，他若竭尽全力，就会得到他所渴慕的对象；大凡热恋之人也都会宣称，他不配得到他所渴慕的对象。基督徒实际生活的成功，全部的秘诀都在于他们的谦卑，不管这种谦卑是多么地不完美，因为，一旦不存在功德或报偿问题，心灵就立即得到释放，去开始不可思议的航程。我们若问一个明智人,他应受怎样的奖赏,他的思想会立刻本能地畏缩,因为他清楚,自己是否配得三尺葬身之地都值得怀疑。但是,你若问他能征服什么,他会说他能征服星辰。于是就出现了浪漫——一个纯基督教的产物。人不配冒险,他不可能擒获龙或鹰头马身有翅的怪兽。中世纪的欧洲恪守谦卑,因而赢得了浪漫;赢得了浪漫的文明已经赢得了适于居住的地球。这与异教及斯多葛派观点之间的天壤之别充分体现在一句著名的引言当中。艾迪生著作中那位斯多葛主义者说:

> 凡人不可能取得成功,
> 　　但是塞姆普罗纽斯,我们会更加努力,
> 　我们配得成功。①

然而,浪漫和基督教的精神,存在每位恋人心中的那种精神,以及借欧洲的冒险遍及世界的那种精神,却与之相反:"凡人不配得成功,但是塞姆普罗纽斯,我们会更加努力,取得成功。"

这种快乐的谦卑,这种轻看自己却又随时准备迎接无数不配得之胜利的心态,这个秘密,是如此单纯,以至于大家都认为它必定是个非常邪恶、神秘的东西。谦卑这种美德是如此实际,以至于人们认为它必定是一种罪恶;谦卑是如此成功,以至于它被误认为骄傲。因为谦卑通常伴随着一种对杰出的朴素的爱(杰出相当于自负),所以它就越发容易被误认为骄傲。谦卑出于偏爱,总是身着金色和鲜红色;骄傲则身着其他颜色,那些颜色拒绝让金色和鲜红色影响自己或令自己过于高兴。总而言之,谦卑这种美德的失败实际上在于它的成功;作为一种投资,它过

---

① 引自约瑟夫·艾迪生的《卡托》(1713),第一幕,第二场,第44—45行。[塞姆普罗纽斯是剧中的一位上议员。——译者注]

于成功，以至于人们不相信它是一种美德。谦卑不仅太好了，不适合这个世界，而且太实际了，不适合这个世界；我以前还差点儿说它太世俗了，不适合这个世界 (too worldly for this world)。

当今最常援引的例子是所谓科学工作者的谦卑，这无疑是一个时髦的例子，也是一个恰当的例子。人们发现一个显然在移山挪海、拆毁庙宇、手摘星辰的人，实际上却是一位寡言少语的老绅士，他只求能够专心从事自己与人无妨的老嗜好，不受干扰，勇往直前——这一点令人难以置信。一个人分解了一粒沙子，宇宙因此上下颠倒，我们很难意识到，对此人而言，分解沙子是大事，宇宙倾覆是小事。一个人视新天新地的诞生为自己研究的副产品，对这样的人，我们很难与他感同身受。伟大的科学时代（这个时代似乎正在走向终结）的伟人，其巨大的力量和成就正是归功于思想上这种近乎怪异的天真单纯。倘若他们让天像纸牌堆砌的房子一样倒塌，他们的申诉甚至不是：他们乃根据原理来行事；他们无可辩驳的申诉是：他们偶然导致了这一结果。无论何时，只要他们对自己的所作所为感到一丝骄傲，我们就有充分的理由谴责他们。但是，只要他们彻底地谦卑，就会彻底地胜利。对于赫胥黎，我们可能有答案；对于达尔文[①]，我们不可能有答案。达尔文令人信服是因为他的无心，我们几乎还可以说是因为他的愚钝。这种平凡、天真的思想开始在科学世界消逝。科学工作者开始视自己——引用一个美妙的词语来说——在尽本分，开始为自己的谦卑感到骄傲。他们开始具有审美情趣，像世上其他人一样，开始用大写的 T 来拼写真理 (truth)，开始谈论他们想象自己已经摧毁的信念，谈论他们先辈的发现。像现代英国人一样，他们开始爱上了自己的顽固。他们开始意识到自己的力量，也就是说，他们开始变得软弱。

[①] 达尔文1859年发表了《物种起源》，但没有积极参与由此引起的争论。托马斯·亨利·赫胥黎参与了争论，并且为自己赢得了一个绰号——"达尔文的叭喇狗"。

然而在绝对现代的时代，出现了一个纯现代人，他将过去科学世界那种显然的个人性的天真单纯带进了我们今日的世界。这个人是位天才，现在是艺术家，但曾经是科学工作者，因为具有那种伟大的科学的谦卑，他似乎超出了一切之上，引人注目。这个人就是H.G.威尔斯先生。正如以上提到的其他人一样，我们若想让普通人相信威尔斯先生这样一个人所具备的谦卑美德是在预料之中的，一开始肯定会很难。威尔斯先生在开始文学生涯时描绘的是一些残暴的异象——关于地球最后的剧痛的异象。一个始于残暴异象的人可能谦卑吗？他继而创作了一些越来越野蛮的故事——将野兽雕刻成人、像射杀鸟类那样射杀天使。一个射杀天使、将野兽雕刻成人的人可能谦卑吗？自那以后，他又做了比这两桩亵渎之事更大胆之举——他预言了所有人类政治上的未来，他的预言带有咄咄逼人的权威，对细节的断定毫不含糊。一个预言所有人类未来的人可能谦卑吗？以当今对谦卑、骄傲的通行看法为背景，要回答一个做了如此重要、大胆之举的人如何能够谦卑这个问题，确实很难。因为，唯一的答案就是我在本章开头所给出的。谦卑的人才能干大事；谦卑的人才能做出大胆之举；谦卑的人才能被赐予惊人的奇观，原因有三：首先，他比其他人都更努力地瞪大眼睛观看；其次，当奇观出现时，他更加振奋、激动；第三，他对这些奇观的记录更加精确，更加真实，较少掺杂从自己平凡自负的日常自我中而来的杂质。冒险是为那些最没有预料到会冒险，亦即视冒险为最浪漫之事的人预备的。冒险是为胆怯之人预备的，从这个意义上说，冒险是为没有冒险精神的人预备的。

像其他很多充满活力、生机勃勃的东西一样，H.G.威尔斯先生思想上这种显著的谦卑也许很难通过例子来说明，但若要我举例，我清楚地知道应该从哪个例子开始。威尔斯先生最有趣的地方是，在他那个时代众多杰出的人物当中，他是唯一一个不断成长的人。诚然，这种成长最明显的标志是观念的逐渐改变，但它不单纯是观念的改变，不像乔治·

穆尔①那样，永远从一种立场不断地跳到另一种立场。它是沿着一条相当坚定的路线，朝着一个相当明确的方向，持续不断地前进。这种成长不是一种变化无常和自高自大，这样说主要的证据在于，它总体上是从更令人吃惊的观念发展到更单调平凡的观念。从某种意义上说，它甚至是从非传统的观念向传统的观念发展。这一事实证明威尔斯先生是诚实的，证明他绝非一个装腔作势之人。威尔斯先生曾认为，上层阶级与下层阶级之间的差别将会大到一个阶级吞食另一个阶级的程度。毫无疑问，任何一个自相矛盾的骗子，一旦他为如此惊人的观点找到了论据，他就不会放弃这种观点，除非他又有了一个更加惊人的观点。威尔斯先生则为一个无可指责的信念放弃了这种观点，那个信念就是：两个阶级将最终从属于或最终同化成一种科学的中产阶级，即工程师阶级。他曾以令人起敬的单纯和严肃接受了那个耸人听闻的理论，现在他以同样令人起敬的单纯和严肃放弃了它。那时他认为那个理论是正确的，现在他认为它是错误的。他得出了一位作家所能得出的最可怕的结论，那就是：普通人的观点是正确的。这需要极大、极不寻常的勇气，正如一个人站在塔顶面对一万人宣告 $2 \times 2 = 4$，需要极大、极不寻常的勇气一样。

威尔斯先生现在处于一种欢快、令人振奋的保守主义的进步之中，他越来越清楚地发现，传统虽然无声，却是鲜活的。他在科学与婚姻问题上观点的改变就是对他这种谦卑和明智的一个很好的证明。我相信，威尔斯先生曾认为，我们可以像对狗和马那样，对人类成功地进行配对、繁殖。一些杰出的社会学家至今仍持这种观点。如今威尔斯先生不再持这种观点，他不仅放弃了它，还在《创造中的人类》中以极大的智慧和幽默猛烈抨击了这种观点，我很难相信以后还会有人持这种观点。诚然，他反对这一观点的主要理由是：它违背了自然法则，是不可能

---

① George Moore（1852—1933），曾是罗马天主教徒，后来成为教会的死敌。在切斯特顿写作本书时，他作为一个小说家的声名如日中天。

的。而在我看来,这种反对的理由无足轻重,与其他理由相比,几乎可以忽略。对科学婚姻的反对,最终值得我们注意的理由其实就是:这种事情只能实施在我们难以想象的奴隶和懦夫身上。兜售科学婚姻的小贩说,医学的指导和监督可以造就健康强壮之人。我不知道他们是对是错(他们自己说对,威尔斯先生说错),但有一点我可以肯定,那就是:倘若它真能够做到这一点,健康强壮之人所做的第一件事就是彻底废除医学的指导和监督。

所有这些有关医学的谈论,其错误在于,它将健康与小心这两个观念联系在一起。健康与小心何干?健康必须与不在意有关。在特殊、不正常的情况下,我们需要小心,当我们的健康出现异常时,我们需要小心以保健康。即便如此,我们极力保持健康为的也只是不用去关心它。假如我们是医生,当我们对那些异常的病人说话,应该嘱咐他们小心。但是作为社会学家,我们是对正常人,对人类说话,我们应该嘱咐他们不要在意。因为,健康之人的一切基本活动绝对应该快乐地进行,并且为了快乐而进行,绝对不应该小心翼翼地进行,或为了防范而进行。一个人之所以吃饭,应该是因为他有一副好胃口需要满足,而绝对不是因为他有一个身体需要维持。一个人之所以锻炼,应该不是因为他太胖,而是因为他喜爱花剑运动,喜爱骑马,喜爱爬山,他爱这些东西本身。一个人之所以结婚,应该是因为他坠入了情网,而绝对不是因为世界需要繁衍人类。食物确实会使他的身体组织得到恢复,只要他不定睛于这些组织;锻炼确实会培养他的技能,只要他不定睛于培养本身;婚姻确实有可能孕育出充满旺盛活力的下一代,只要它源于自身天生旺盛的激情。我们不应该将必需品看作必需品,而应该看作奢侈品,这是健康的第一法则。让我们关心瘙痒、小病这类的小事情,关心那些通过关心能够解决的事情。但是,为了精神彻底的健全,我们千万不要关心像婚姻那类重要的事情,否则,我们生命的源头就会枯竭。

然而,威尔斯先生对狭义的科学观不甚清楚,没有看到有些东西实际上不应该属于科学。他仍然稍稍受到科学上那个巨大错误的影响，我指的是那种不从人类灵魂（这是人首先了解的东西）而从细胞质这类的东西（这是人最后了解的东西）入手的习惯。威尔斯先生杰出的思维才能有一个缺陷，那就是，他没有充分考虑到人的东西。例如，在他的《新乌托邦》中他说，这个乌托邦主要的一点是不相信原罪。倘若他从人类灵魂，即从他自己入手，他会发现，原罪差不多是人应该相信的第一件事。简言之，他会发现，自私的可能性之所以永远存在，是源于人有自我这个事实本身，而不是源于任何教育的失误或不公正的对待。所有乌托邦的缺陷都在于，他们认识到了人类最大的难题，想当然地认为这个难题已经得到了解决，随后详尽地描述如何解决较小的难题。他们首先想当然地认为，每个人都只想得到自己应得的那一份，然后非常巧妙地解释他应得的那份究竟是通过汽车还是通过气球送上门来。威尔斯先生的乌托邦消除了一切爱国主义的疆界，这种世界主义是他不重视人的心理的一个更加有力的例证。他坦率地说，乌托邦必须是一个世界性的国家（world-state），否则，人们就会对它开战。他似乎没有想到，对我们当中很多人来说，它即使是一个世界性的国家，我们仍然会对它开战，直至世界终结。因为，我们若承认艺术之间或观念之间一定有差别，我们有什么理由认为政府之间没有差别？事实很简单。一个东西只要你不故意阻止它成为善，它就必然值得人为之而战。我们不可能阻止文明之间可能产生的冲突，因为我们不可能阻止理想之间可能产生的冲突。倘若现代国家之间的冲突不复存在，那就会出现乌托邦之间的冲突。因为，最高尚的事物并非仅仅倾向于自身中的统一，还倾向于自身中的差别。我们常常可以激发人们为统一而战，但永远不可能阻止他们为差别而战。最高尚事物中的这种差别就是伟大的欧洲文明中强烈的爱国主义、国家主义的含义，顺便说一句，它也是三位一体教义的含义。

但是我认为，威尔斯先生的哲学主要的错误从某种意义上说是更深层次的错误，在《新乌托邦》的引言中，他以非常有趣的方式表明了这种错误。他的哲学在某种意义上等于否认了哲学自身的可能性。无论如何，他坚持认为，不存在任何可靠、确定无疑的观点，人类的思想从此可以之为满足。当然，引用威尔斯先生自己的话，这一点看起来就更清楚、更有趣。

威尔斯先生说："世上无一物可以持久，无一物（学究的思想除外）是准确、确定的……确实存在！——不存在存在，只有普遍的个体生成。当柏拉图面向陈列他一个个具体理念的博物馆时，他便背离了真理。"威尔斯先生还说："我们的知识中不存在永恒的内容。我们从微弱之光转向强烈之光，每一道强烈之光都穿透、照亮了我们迄今为止难以理解的基础原理，显露出下面新的、不同的晦涩之处。"我要说，当威尔斯先生谈到这类事情时，他没有注意到观念上的一个显然的区分。我是以全然尊敬的态度说的。"我们的知识中不存在永恒的内容"，这不可能是正确的。因为，倘若如此，我们就不会认识到这一点，不会称之为知识。我们的思想状况与几千年前某个人的思想状况可能大不相同，但不可能全然不同，否则，我们就不会意识到存在差异。毫无疑问，威尔斯先生必须意识到真理之泉旁的悖论中第一个、也是最简单的一个悖论。毫无疑问，他必须明白，两物不同这本身就暗示了它们之间的相似。兔子与乌龟在奔跑速度上可能不同，但在能够跑动这一点上却是一致的。兔子与图形、颜色无共通之处，最快的兔子也不可能快过等腰三角形或粉红色。当我们说兔子跑得快时，言下之意是乌龟也会跑。当我们说一个东西会动时，言下之意是有些东西不会动。甚至当我们说东西会发生变化时，言下之意是存在某个不变的东西。

毫无疑问，威尔斯先生自己选择的例子最能说明他的错误。的确，当我们看见一缕朦胧的光线时，与黑暗之物比，它是光明的；与更强的光线比，它是黑暗的。但光的特性是不变的，否则，我们便不可能称某道光线为强光，或知道它是强光。我们头脑中若没有对光的特性的固定认识，就很可能称更暗的阴影为强光，反之亦然。我们对光的特性的认识哪怕只有片刻的动摇，对它哪怕只有微若毫发的怀疑，比方说，一点模糊的蓝色的理念潜入了我们对光的理念中，在那一瞬间，我们对那缕新光究竟是更强还是更弱就会产生怀疑。简言之，进步也许像云彩那样变化多端，但方向必须像法国道路那样固定不变。当我说我住在伯恩茅斯以北、斯匹次卑尔根以南时，南和北在这个意义上是相对的。但是，如果我对北极的位置有一点怀疑，我就会对我是否住在斯匹次卑尔根以南产生同样程度的怀疑。绝对的光的理念实际上也许无法获得，我们也许找不到纯粹的光。我们也许无法到达北极，但我们不能因此得出结论说，北极的位置无法确定。正因为北极的位置是确定的，我们才能够绘制出一张满意的布莱顿和沃辛的地图。

换言之，当柏拉图转向陈列他一个个具体理念的博物馆时，他面向了真理，背向了威尔斯先生。正是在这里，柏拉图表明了他的智慧。说每样东西都会变化，这是错误的，变化的东西都是明显的、物质的东西。有一样东西是不变的，那就是抽象的特性，不可见的理念。威尔斯先生说得很对，在一种情境下我们视为黑暗的东西，在另一种情境下我们可能视为光明。但是，这两种情况下共同的那个东西是纯粹光的理念，是我们从未见过的。威尔斯先生也许会越长越高，世世代代永无止境地长下去，直到他高过了宇宙中最孤独的那颗星星（我能想象，他会以此为题材写一部很好的小说）。倘若如此，树木在他的眼中先高后矮，云层在他的眼中先高后低，但在无数个世纪中，在星空的孤独中，高的理念始终存在他的心里。在可怕的太空中，他一直在长高而没有长胖这个明确的思想会陪伴着他，安慰他。

我想起来了，威尔斯先生确实写过一部可爱的浪漫传奇，其中写到人长得像树一般高。在那部传奇中，他似乎又是这种含糊的相对主义的牺牲品。与萧伯纳的戏剧一样，《神的食物》本质上是对超人观念的研究。虽然它假托以半哑剧的寓言，但是，我认为，它仍然会受到知识界同样的攻击。一个伟人假如在任何方面都不符合我们的标准，他不可能指望受到我们的尊重。因为,他若达不到我们设定的有关伟大的标准,我们甚至不会称他为伟大。当尼采说"人是一个必须被超越之物"时,他总结了超人观念中一切有趣之处。但是,"超越"这个词本身即暗示存在一个对我们及超越我们之物共同的标准。超人若比人类更具人性,即便人类碰巧先杀死了他,最终也会将他奉若神明。但是,他若只是更具超人性,人类对他可能就如同对其他似乎毫无目的的庞然大物一样,不感兴趣。即便是为了震慑我们,他也要接受我们的考验。单纯的力量或体形甚至都可以作为标准,但仅此一点永远不可能使人类视一个人比自己优越。在古老智慧的童话中,巨人是害人虫,超人若非好人,便是害人虫。

《神的食物》是从巨人的角度对《杰克与豆蔓》的重述。我想,以前的文学从未作过这方面的尝试,但这个故事所反映的心理其实一直存在,对此我几乎毫不怀疑。我几乎毫不怀疑,杰克杀死的那位巨人确实认为自己是超人。在他眼里,杰克很可能是一个目光狭隘之人,希望阻挡生命力伟大的前进运动。如果那位巨人(像通常情况下那样)恰巧长着两个脑袋,他会提醒人们注意那句基本格言:两人的智慧胜于一人。他会详述两个脑袋这种精巧的现代装备,它使巨人能够从两个角度观察问题,能够迅速纠正自己的错误。但是,杰克是人类不朽的标准的捍卫者,是一个人一个脑袋、一个人一颗良心这一原则的捍卫者,是一个头脑、一颗心灵、一双眼睛这一原则的捍卫者。杰克对这个巨人是不是一个特别庞大的巨人不太感兴趣,他唯一希望知道的是:他是不是一位好巨人,即他是否会对我们有益。这个巨人持什么样的宗教观点?他在政治和公民义务这些问题上的观点如何?他喜爱孩子吗?抑或他喜爱孩子只是为了一个阴险邪恶的目的吗?用一个描述情感正常状况的很好的术语来说就是:他心术正不正?杰克有时候必须用剑剖开巨人的内心才能够知晓。

《杰克与豆蔓》这个古老且正确的故事就是人类整个的故事,我们若理解了它，就不再需要圣经或历史。但是，现代世界对它似乎尤其不能理解。像威尔斯先生一样，现代世界站在巨人一边。现代世界是最安全的地方，因而也是最不舒服、最单调乏味的地方。现代世界在赞扬它小小的凯撒们时，谈论的是要刚强勇敢，但它似乎没有认识到，当我们将这些观念连结到一起时，其中永远存在着悖论。刚强的人不可能勇敢，只有软弱的人才能够勇敢；还有，在实际生活中，只有那些能够勇敢的人，我们才可以相信他在怀疑的时刻能够刚强。巨人要想真正使自己训练有素，抵挡不可避免的杰克，唯一的办法就是与比自己大十倍的巨人不停地作战。也就是说，他不再是巨人，而成为另一个杰克。因此，对弱小者、失败者本身的同情（我们自由党人、民族主义者常常为此受责备）根本不像威尔斯先生及其朋友所认为的那样，是一种无益的感情用事。它是实际勇气的第一法则。站在最弱的阵营亦即位居最强的派别之列。我也想象不出有什么比超人族类的到来对人类更有益的了，他们可以像龙那样作战。超人若比我们更好，我们当然不必攻打他；设若如此，我们为什么不称他为圣人呢？如果他只是比我们更有力（无论是身体上、思想上或道德上，不管哪方面吧），那么他至少应该和我们一起估计一下我们的力量。即便我们比他弱，我们也没有理由要比自己弱；即便我们不够高，摸不着巨人的膝盖，我们也没有理由下跪，显得比实际的要矮。可是，这实际上就是现代所有的英雄崇拜以及对强者、凯撒、超人的讴歌的含义。他若超出了人类的标准，我们就一定要低于人类的标准。

毫无疑问，有一种比这更好、更古老的英雄崇拜。古时的英雄像阿喀琉斯一样，是一个比人更具人性的存在。尼采的超人则是冷酷无情的。阿喀琉斯爱朋友爱得如此之傻，以至在悲痛中滥杀无数。萧伯纳剧本中那位悲伤的凯撒在孤寂的骄傲中说："从来不抱希望的人永远不会失望。"阿喀琉斯这位半人半神从他可怕的高山中应答："有什么悲伤能与我的悲伤相比？"伟人不是一个如此坚强，以至比常人感受更浅的人，而是一个如此坚强，以至比常人感受更深的人。当尼采说："我赐给你们一条新命令：'你们要坚强'"时，他实际上是说："我赐给你一条新命令：'你们都死去'。"感受力是生命的界定。

我再回到《杰克与豆蔓》讲一点。我之所以在威尔斯先生与巨人这个问题上花费如许的笔墨，并非因为这个问题在他的思想中显得尤为突出；我知道超人在威尔斯的宇宙中占据的空间并不显得比在萧伯纳的宇宙中大。我在这个问题上花费如此多的笔墨，原因正相反，我认为这种不道德的英雄崇拜的异端邪说对他的影响尚小，也许我们可以阻止它将我们这个时代最伟大的一位思想家引上邪路。在《新乌托邦》中，威尔斯先生不止一次间接提到 W. E. 亨利先生①，字里行间中流露出钦佩之情。聪明、不幸的亨利先生一生都推崇一种朦朦胧胧的暴力，总是不断地回到古老原始的故事、古老原始的民谣和优秀质朴的文学当中，寻找对力量的赞扬，为专制的辩护。但他没有找到，因为它不在那里。质朴的文学体现在《杰克与豆蔓》的故事中，古老优秀的文学全都歌颂弱者。古老原始的故事就像现代所有政治理想主义者一样，对少数派充满同情和关爱；古老原始的民谣就像"土著保护协会"一样，对弱势群体深表同情和关切。当人类处在自然状态下能吃苦耐劳时，当他们生活在艰难困苦和铁的自然律之中时，当他们明白打仗的真正含义时，他们只唱两种歌：第一种是欢歌，欢呼弱者战胜了强者；第二种是哀歌，哀叹强者破例战胜了弱者。这种对现状的蔑视，这种不断想要改变现有平衡的努力，这种对强者不成熟的挑战，是精神冒险的全部实质和内在秘密之所在，人之为人，正是在此。蔑视力量正是他的力量。破碎的希望不仅是真实的希望，还是人类唯一真正的希望。在歌颂绿林好汉的最粗俗的民谣中，一个人最受钦佩的时刻不仅是他蔑视国王那一刻，更确切地

---

① W. E. Henley (1849—1903), 诗人、记者，在创作的一个阶段曾采用吉卜林恃强凌弱的语调，歌颂殖民冒险家的美德。

说，是他向英雄公开提出挑战那一刻。罗宾汉一旦成为某种超人，那位侠义的记述者就告诉我们，他被一个他原以为已经推到一边的可怜的笨汉痛打了一顿。那位侠义的记述者让罗宾汉在一片钦佩的目光中挨打。这种宽宏大度不是现代人道主义的产物，也不是与和平有关之物的产物，只是一种已经失落的战争艺术。亨利之流呼唤一个坚强不屈、勇猛善战的英国，他们回到那些讲述坚强不屈、勇猛善战的英国人的古老故事中去寻找，在那里他们发现，那些古老的描述残忍战争的文学通篇都写着："马朱巴山①政策"。

---

① 马朱巴山（Majuba）是北纳塔尔的一座山，1881年布尔人在此击败了英国军队。

#　第六章　圣诞节与唯美主义者

世界是圆的，它是如此之圆，以至于乐观主义和悲观主义两个派别从一开始就争论世界的位置是否上下颠倒了。我们对一些事情难以定论，问题主要不在于善和恶以几乎相等的比例交织在一起，而在于人们对哪些部分是善的、哪些部分是恶的看法总是不一。由此就出现了困扰着"不属任何教派的宗教"的问题。"不属任何教派的宗教"声称自己包含了所有信条中最美好的东西，而在很多人看来，他们囊括了信条中一切单调乏味的内容。在纯净中将所有的颜色混合在一起应该产生纯白色；而将所有的颜色混合在人类任何一个颜料盒上则会产生一种类似泥巴的东西，一种与很多新兴宗教类似的东西。这样一种混合物往往比任何一条孤立抽出来看的信条（甚至比黑镖客①的信条）更糟糕。其错误源于，对任何一种特定的宗教，我们很难探究出哪些部分真正是好的，哪些部分真正是坏的。对有些人我们尤其深表同情，他们很不幸，因为在考虑这种或那种宗教时，他们总是把其中公认为好的东西当作坏的，把公认为坏的东西当作好的。

欣赏而且是真心地欣赏一个团体，但欣赏的却是它的负面（就像从照片的负片去欣赏它一样），这是非常可悲的。庆贺它们所有的白都是在于黑的、它们所有的黑都是白的，这很难。涉及人类的宗教时，我们常常会这样。以两个广为人知的事物——救世军和奥古斯特·孔德②的哲

---

① 印度的一群抢劫杀人犯，他们将所劫得的财物、人质都献祭给毁灭女神时母卡莉。
② Auguste Comte (1798—1857)，实证主义的创始人。实证主义否定启示的宗教，孔德最终试图赋予实证主义以宗教的重要性，并有实证主义自己的一套祷告和礼仪。

学为例，它们都证明了 19 世纪宗教的力量。

　　受过教育的人对救世军所下的定论通常是这样的："我不怀疑他们做了很多好事，但他们用的却是粗鄙、亵渎的方式。其目的是高尚的，方法却是错误的。"很不幸，在我看来，这句话要整个颠倒过来才对。我不知道救世军的目的是否高尚，他们的方法无疑是令人钦佩的。他们的方法是一切强烈、热切的宗教所采用的方法，他们像一切宗教那样受欢迎，像一切宗教那样富于战斗性，像一切宗教那样公开并产生轰动效应。像罗马天主教徒一样，他们是不恭敬的，因为那种可悲、微妙意义上的"恭敬"只有异教徒才可能具备。在欧里庇得斯、勒南①、马修·阿诺德那里，你可以找到那种美丽的朦胧状态；在信仰之人中，你找不到，你只会找到笑声和战争。对坚如磐石的真理，人不可能致以那种敬意；只有对美丽的谎言，人才会表现出那种敬意。虽然是在低劣的环境中以丑陋的形式爆发出来，但救世军的声音确确实实是快乐和愤怒的信仰所发出的古老的声音；它像大狄奥尼修斯（Dionysius）的暴乱那样猛烈，像天主教的那些面貌丑陋之人那样狂热，不会被误认为哲学。赫胥黎教授用了一个精辟的词语称呼救世军，他称他们为"狂欢的基督教"②。赫胥黎是最后一位、也是最高尚的一位从未明白十字架含义的禁欲主义者。倘若了解基督教，他就会知道，历史上从来没有，也永不会有不狂欢的基督教。

　　在目的与方法的问题上存在这种区别：评判救世军这类事物的目的很难，评判他们的仪式和气氛很容易。也许除社会学家外，无人能够知道威廉·布思将军③的住房规划是否正确，但任何一个心智健全的人都知道，奏乐时让两个铜钹相互撞击是正确的。一页统计资料、一份模范

---

① Joseph Ernest Renan（1823—1892），法国作家，期待一个哲学和文化将取代政治和宗教的国家出现。在他最著名的著作《耶稣传》（1863）中，他视耶稣为受到圣灵感动的导师，但本身完完全全只是一个人。
② 像希腊自然女神西布莉（Cybele）的随从们的行为那样狂热、疯狂。
③ General William Booth（1829—1912），又译卜威廉，救世军的创建人。

住宅规划以及诸如此类的任何理性的东西，在外行人看来总是很难理解；而对非理性的东西，任何人都能够理解。因此，宗教很早就进入了世界，传播得如此之广，而科学很晚才进入世界，根本没有传播。历史一致证明，关于人，最不大可能认识的是他的神秘主义。常识必须被视为深奥的秘密，保存在文化这个幽暗的殿宇中。所以，救世军的慈善事业及其真诚也许是一个适合于博士们讨论的话题，但对救世军铜管乐队的真实性绝对不会有任何怀疑，因为铜管乐队是纯精神性的，其目的只是加速内在的生活。慈善事业的目的是行善事，宗教的目的是做好人，哪怕只是在铜管乐器的一片吹奏声中做片刻的好人。

另一种现代宗教也存在同样对立的情况。我指的是孔德的宗教，即大家通常所称的实证主义，或对人的崇拜。弗雷德里克·哈里森① （这位侠义、杰出的哲学家仍然借助他的存在本身为实证主义辩护）之流会告诉我们，他向我们提供的是孔德的哲学，而不是孔德有关大祭司、仪式、新历法、新节日、新圣徒节等等荒唐的提议。他的意思并不是说，我们都应该将自己装扮成人类的祭司，或因为今天是弥尔顿的生日，所以应该放鞭炮庆祝。他承认，对他这位英国坚定的孔德主义者来说，这一切都显得有点荒唐。而在我看来，这恰恰是孔德主义中唯一合理的部分。作为一种哲学，孔德主义是不完美的。显然，我们不可能崇拜人类，正如我们不可能崇拜萨维尔协会 (the Savile Club)②一样，尽管二者都是非常不错的群体，我们可能恰巧是这两个群体中的一员。但我们清楚地知道，萨维尔协会既没有创造星辰，也不充满宇宙。抨击三位一体的教义是令人迷惑不解的神秘主义，随后要求人们去崇拜一个存在，该存在是在一个上帝里的九千万人，它既不使这九千万人相互混淆，也不将那个实体分开——这样做显然是毫无道理的。

---

① Frederic Harrison (1831—1923) 是孔德著作的译者，孔德在英国最著名的追随者，担任英国实证主义委员会会长达 25 年之久。
② 伦敦的一个协会，很多杰出的作家都是该协会的成员。

倘若说孔德智慧不足,他的愚蠢则是智慧。在一个含糊的现代性的时代,在一个美被视为野蛮、丑被视为明智的时代,唯有他明白人类应该始终保持哑剧表演中那份庄严神圣。他明白,虽然野蛮人拥有一切有用的东西,但真正人类的东西却是无用的。他看到今天几乎为众人普遍持有的那个观点的错误,即礼仪、形式都是矫揉造作,是多余的,腐化堕落的。仪式确实要比思想古老得多,也比思想简单得多,狂野得多。触摸到事物本质的那种感觉,不仅使人们感到有一些恰当的话要说,还有一些恰当的事要做。在这些事情当中,跳舞、建筑殿堂、大声呼喊等更可取,而将身体涂成绿色、烧死其他哲学家等则不那么可取。但是在世界各地,宗教、舞蹈诞生于圣歌之前,仪式则诞生于语言之前。倘若孔德主义在世界上得以传播,世人皈依这一信仰,那不是因为他的哲学,而是因为他的历法。英国实证主义者试图剔除他们认为孔德思想中的薄弱之处,这样做,他们实际上摧毁了自己信仰的力量。一个信仰者必须不仅甘当殉道者,还要甘当傻瓜。当一个人连为自己的信仰头戴花环都不乐意时,说他乐意为自己的信仰吃苦、牺牲,这是很荒谬的。随便举个例子 (to take a *corpus vile*[①]),我相信我绝不会出于任何需要去通读孔德的著作,但我很容易想象自己在达尔文诞辰纪念日满怀激情地去点燃一堆篝火。

我没有能够点燃篝火,此类事情无一成功。从来没有理性主义者的节日,没有理性主义者的狂喜,人类仍然在为上帝之死身着丧服。上个世纪基督教在受到狂轰滥炸时,最持续不断、最猛烈的轰炸是针对它所谓的对人类欢乐的仇恨。雪莱、斯温伯恩及其所有的军队已经一遍又一遍地在这片土地的上空轰炸,但他们没有改变这块土地。他们没有竖立起一根新的胜利纪念柱或一面新的旗帜,让人类的欢乐归其麾下。他们没有给欢乐命名,也没有定下新的欢乐的节日。斯温伯恩先生没有在维

---

① 一个毫无价值的东西,人们可以拿它随意做实验,无须有任何顾虑。

克托·雨果生日的前夜挂起长袜,威廉·阿切尔①先生没有在雪地里站在人家的门外唱描绘易卜生诞生的颂歌。世界上曾有过各种各样古老的喜庆节日,在我们理性的、令人悲伤的岁月的周而复始中,只有一个节日保留了下来。圣诞节继续让我们回想起那些时代(不管是异教的还是基督教的时代),在那些时代,多数人表演诗歌,而不是少数人创作诗歌。整个冬季,在我们的森林里,只有冬青树在闪耀。

"节日"(holiday)这个词本身解释了以上这个奇怪的事实。银行日指的可能是银行家视为神圣的日子。我想,半假日(half-holiday)指的是小学生只将部分时间用于宗教活动的日子。乍一看我们很难明白,闲暇、嬉戏此等人类的东西为什么始终应该起源于宗教。理性地来看,我们为任何事情——米开朗琪罗的诞生,尤斯顿(Euston)火车站的开通——庆祝、唱歌、赠送礼物,似乎均无不可,实际却行不通。事实上,人们只是在精神之物上贪婪、极度地追求实利。废除尼西亚信经及其类似的东西,你会对卖香肠的人莫名其妙地不公平;废除圣徒的奇特之美,留给我们的是旺兹沃思(Wandsworth)②更令人奇怪的丑陋;废除超自然之物,留下的是不自然之物。③

现在我不得不来谈一件很不幸的事。现代世界有一类令人钦佩之人,他们真正为了奥古斯丁所说的"万古常新的美善"④而抗议,他们真心向往人类早期那些古老的节期和礼节。威廉·莫里斯及其追随者让人们看到,所谓的中世纪黑暗时代其实要比曼彻斯特⑤时代光明得多;W.

---

① William Archer (1856—1924),批评家、戏剧家、易卜生戏剧的英译者。
② 伦敦的一个自治市,位于泰晤士河以南。
③ 切斯特顿在此强调的是,世俗活动的背后其实有超自然之物的支撑。失去了超自然的维度,一切就会变成不自然。宗教先于道德,没有尼西亚信经所表白的信仰,我们在日常生活中对他人就会不公正。圣徒之美在我们看来也许奇怪,但神圣的维度一旦丧失,剩下的就只有世俗的丑陋和平庸。——译者注
④ 引自圣奥古斯丁《忏悔录》第十卷第二十七章:"我爱你已经太晚了,你是万古常新的美善,我爱你已经太晚了!"
⑤ 自蒸汽机械1789年首次用于棉纺织业之后,曼彻斯特很快成为世界主要的棉织品生产地,在19世纪获得了巨大的发展。

B.叶芝将自己的舞步限定在史前舞蹈的框架内,但没有人知道,也没有人和他一起加入久已被人忘却的合唱中(除他之外,没有人能够听见这个合唱);乔治·穆尔收集爱尔兰异教文化中点点滴滴的残篇,天主教会因为健忘,已将这些残篇抛诸脑后,抑或出于智慧,已将其保存了下来。有无数戴着眼镜、身着绿袍的人祈祷恢复五朔节花柱或古希腊奥林匹亚竞赛会,但这些人身上也存在一点反复出现、令人担忧的东西,这个东西表明,他们完全有可能不守圣诞节。从这个角度来看人性是很痛苦的,但在布丁被端上桌子时,乔治·穆尔不挥舞刀叉高兴地欢呼似乎是有可能的;叶芝永远不会放鞭炮则更加可能。倘若如此,他们对节日传统所抱的一切梦想意义何在?圣诞节是一个古老、根深蒂固的节日传统,这个传统今天仍然在街头红红火火地盛行,而他们则认为圣诞节是粗俗的。倘若如此,让他们确信这点好了,那就是:他们是那种在五朔节花柱盛行的时代视五朔节花柱为粗俗的人;在往坎特伯雷朝圣的时代,视往坎特伯雷朝圣为粗俗的人;在古希腊奥林匹亚竞赛会的时代,视奥林匹亚竞赛会为粗俗的人。怀疑这些东西粗俗也是毫无根据的。有一点我们务必要清楚:倘若粗俗指的是言语粗鲁、行为粗暴、说长道短、粗鄙而喧闹的游戏、大量的饮酒,那么,凡有欢乐之处、凡有信仰神祇之处,都会有粗俗。何处有信仰,何处就有狂欢;何处有狂欢,何处就有危险。正如信条与神话产生了这种粗俗活泼的生活,这种粗俗活泼的生活反过来也总会产生信条与神话。倘若有一天我们让英国人回到英国土地上来,他们会再次成为一个有信仰的民族,如果一切顺利,还会成为一个迷信的民族。无论是高级还是低级的信仰都在现代生活中缺失,这在很大程度上是因为人们与自然、树木、云彩隔绝。如果说我们现在再也遇不到甘蓝精,那主要是因为我们缺乏甘蓝。

第七章　欧玛尔与神圣的葡萄

一种与酗酒问题有关的新道德伴随着某种程度的暴力突然在我们这个时代出现。热衷于酗酒问题讨论的人既包括正午时分因喝得烂醉被粗暴地扔出酒吧的男人，也包括用斧头砸烂美国酒吧的那位女士。在这些讨论中人们几乎普遍认为，说酒或诸如此类的东西只应该当作一种药物来饮用，这是一种极其明智、适中的立场。对此观点，我想冒昧且异常强烈地提出异议：真正危险、不道德的饮酒方式就是把它当作药物来饮用。其原因如下：倘若一个人饮酒为的是获得快乐，那么他是在试图得到某个特殊的东西，某个他不可能期望一天二十四小时都能拥有的东西（除非他大脑有点不正常，否则，他不会试图一天二十四小时都能得到这个东西）。然而，倘若一个人为了获得健康而饮酒，那么他是在试图得到某个很自然的东西，某个他不应该没有，而且倘若没有，他便很不甘心的东西。一个人看到入迷状态下的狂喜，可能不会被诱惑；但是，瞥见普通状态下的狂喜，他可能就会不能自已。假定有一种神奇的药膏，我们拿着它去对一个健壮的人说："这种药膏能让你安然无恙地从大火纪念碑①上跳下去"，毫无疑问他会跳下去。但是，他不会为了所在城市的欢乐，整天从纪念碑上往下跳。可是，倘若我们拿着这种药膏到一个盲人那里，对他说："这种药膏能让你见到光明"，药膏对他的诱惑力会更大。无论何时他听到骏马的马蹄声，或是黎明时分听到小鸟的欢

---

① 纪念伦敦大火，1671—1677 年间由克里斯托弗·雷恩（Sir Christopher Wren）在火灾现场附近竖立。

唱，他很难不往眼睛上抹这种药膏。使自己拒绝欢乐容易，使自己拒绝正常则很难。所以，每位医生都知道这样一个事实，那就是：即便病情需要，给病人饮酒往往也是危险的。我的意思不是说，在病情需要时让病人饮酒一定是不合理的，这一点我几乎无须声明。我的意思是：酒正当的用途是供健康人饮用，令他们开心，这样做与健康是一致的。

在这个问题上的正确原则与在很多其他问题上的正确原则似乎相仿，即它是一个悖论。因快乐而喝酒，但绝不因悲伤而喝酒。绝不在无酒就沮丧时喝酒，否则你就与贫民窟中脸色灰暗的杜松子酒鬼无异；在无酒也快乐时喝酒，那样你就和意大利爽朗的农夫相近。绝不要因为你需要酒而喝酒，因为这是理性的饮酒，是通往死亡和地狱之路；要因为你不需要酒而喝酒，因为这是非理性的饮酒，自古以来这都是健康的标志。

三十多年来，我们英国的文学一直笼罩在东方一位伟人的阴影和光环之下。菲茨杰拉德①翻译的欧玛尔·海亚姆（Omar Khayyám）的著作将我们这个时代一切邪恶、放任自流的享乐主义浓缩成永远的辛辣讽刺。谈论那部著作在文学上的辉煌成就未免陈腐，人类很少有什么著作能像它那样集讽刺短诗欢快的好战性与诗歌淡淡的哀愁于一体。但是，关于它对哲学、伦理和宗教的影响（这种影响与它的文学成就几乎同等巨大），我想说一句话，我承认，这句话对它绝对不利。有关《鲁拜集》的精神主旨，有关它的巨大影响，我们可以说很多对它不利的话，但是，有一项指控远远超出了其他指控，那是《鲁拜集》真正的耻辱，对我们则是真正的灾难。那项指控就是：这首伟大的诗歌对友善和人生的快乐予以了沉重的打击。有人称欧玛尔为"悲伤又快乐的古波斯人"。他的确悲伤，但他在任何意义上都绝不快乐，他比清教徒更与快乐为敌。

---

① 爱德华·菲茨杰拉德（Edward Fitzgerald，1809—1883）于1859年发表了波斯诗人欧玛尔·海亚姆的《鲁拜集》(*Rubaiyat*) 的英译本，该书曾风靡一时。

一位儒雅、忧郁的东方人躺卧在蔷薇树下，一旁放着他的酒壶和诗卷。想到他时，一个人的思绪飞回到阴暗的病房，在那里医生给病人开出小剂量的白兰地，这种联想也许很奇怪。想到他时，一个人的思绪飞回到瘾君子沟大街上（Houndsditch）①为杜松子酒所醉、走路摇摇晃晃、脸色灰暗的流浪汉，这种联想也许更为奇怪。然而，哲学观念上的一致将这三者联结到了一起。欧玛尔·海亚姆饮酒这事并不好，这种不好不在于饮酒本身。其不好、非常之不好，是因为它是医治性的饮酒。它是一个因不快乐而饮酒之人的饮酒。他饮用的是将宇宙拒之门外，而不是开启宇宙之酒。这种饮酒不是富有诗意的饮酒，富有诗意的饮酒欢畅发自天性；这种饮酒是理性的饮酒，像投资一样毫无诗意，像一剂黄春菊那样没有滋味。英国一首古老的饮酒歌中唱道：

> 把酒碗挨个传过去吧，我亲爱的伙伴，
> 让旁边的人也能够尝一尝。

从感情（而非文体风格）的角度看，这首歌要比《鲁拜集》美妙千万倍，二者之间简直是天壤之别。因为这首歌被一群快乐的人用来表达真正宝贵之物——兄弟情谊和倾心吐意——的价值，表达了穷人短暂而自然的悠闲安逸。当然，对欧玛尔的道德观，大部分更为愚蠢的指责都是幼稚、错误的（此类的指责通常皆如是）。我读过一位批评家的著作，他称欧玛尔为无神论者、唯物主义者，这真是愚蠢得不可思议。东方人几乎不可能是无神论者或唯物主义者，他们太了解形而上学了，不可能成为其中任何一者。当然，通晓哲学的基督徒真正反对欧玛尔的宗教观之处，不是他没有赋予上帝任何地位，而是他赋予了上帝太高的地位。他的宗教观是一种可怕的有神论，这种有神论除了神以外，想象不出任何

---

① 伦敦的一条街道，1503年铺筑，街名即暗示着它曾经声名狼藉。

东西，彻底否定了人的个性、人的意志等重要原则。

> 球无疑既不赞成也不反对，
> 任凭球员将它踢到西或踢到东；
> 将你——球——抛进场地的那个人，
> 他知道这一切，他知道，他知道。①

奥古斯丁、但丁这类的基督教思想家会反对这种观点，因为它忽略了自由意志——灵魂的勇敢和尊严之所在。最传统的基督教与这种怀疑主义的争吵根本不在于后者否认了上帝的存在，而在于它否认了人的存在。

在我们这个时代，对悲观主义的寻欢作乐者的崇拜，《鲁拜集》位居第一，但它并非绝无仅有。我们这个时代很多才华出众的知识分子也力劝我们，要有意识地攫取难得一见的快乐。沃尔特·佩特（Walter Pater）②说，人都被宣判了死刑，唯一的出路就是纯粹为了这些近乎完美的时刻而享受这些时刻。奥斯卡·王尔德非常有力、非常不幸的哲学教导了同样的道理。这是及时行乐（carpe diem③）的宗教，但是，及时行乐的宗教不是幸福之人的宗教，而是不幸之人的宗教。伟大的幸福不会在它可以采摘玫瑰花苞时去采摘花苞，而是凝视但丁看见的那朵不朽的玫瑰。④伟大的幸福自身就有对不朽的意识；年轻的美妙之处就在于，它意识到自己拥有一切空间，可以随意伸展自己的腿脚。在《特里斯特拉姆·尚德》、《匹克威克外传》中，在所有伟大的喜剧文学中，都可以见到这种空间与不朽的意识，我们感觉到作品中的角色都长生不老，所发生

---

① 引自欧玛尔·海亚姆的《鲁拜集》，第五版，Ⅱ，第277—280页。
② 在这段和下段中，切斯特顿谈的是佩特的《文艺复兴历史研究》(1873) 的著名结论。
③ 抓住今日，享受今日。
④ 马利亚常常被称作"神秘的玫瑰"，在《天堂篇》第二十二章第二节，第73—74行中，她是"神子曾在其中化为肉身的玫瑰"。在第三十章和第三十一章中，得胜的教会——被基督的宝血救赎的神圣的战士队伍——展现为一朵纯白的玫瑰。

的故事也永不终结。

诚然，强烈的幸福大都在某些稍纵即逝的时刻出现，但这并不意味着我们应该视这些时刻为稍纵即逝，或纯粹"为了这些时刻"而享受这些时刻。这样做就是将快乐理性化，从而毁掉了快乐。快乐就像宗教，是个谜，永远不应该被理性化。假定一个人经历到一个真正美妙的快乐时刻，我指的不是搪瓷般光洁鲜艳的快乐，而是含有猛烈成分的快乐——几乎痛苦的快乐。例如，男人在初恋中可能经历到的狂喜时刻，或在战斗中经历到的胜利时刻。那位坠入爱河中的人享受这一时刻，但准确地说，他不是为了这一时刻而享受这一时刻，而是为了那位女性或他自己而享受这一时刻。那位战士享受这一时刻，但他不是为了这一时刻而享受这一时刻，而是为了军旗而享受这一时刻。那面军旗所代表的事业也许很愚蠢，很短暂；那份爱情也许只是少男少女之间的痴迷，持续一星期之久。但在那位爱国者眼里，军旗是永恒的；在那位恋爱中的人眼里，他的爱永不止息。这些时刻充满着永恒，因为不显得短暂，而充满欢乐。一旦我们效仿佩特，视它们为一个又一个的片刻，它们就变得像佩特及其文体一样，冰冷而毫无生气。人不可能爱能朽坏之物，人只能在瞬间中爱不朽之物。

佩特的错误在他最著名的一句话中暴露了出来，他要求我们以宝石般坚硬的火焰去燃烧。火焰从来不是坚硬如宝石般的，因为人无法触碰或布置火焰。因此，人类的感情也从来不是坚硬如宝石般的。像触碰火焰一样，触碰感情甚至审察感情总是很危险的。感情只能通过一种方式变得坚硬如宝石般的，那就是，变得像宝石一样冰冷。唯美主义的及时行乐对人类天性之爱和笑声的打击是史无前例的，它使人类的天性之爱和笑声失去了再生的能力。要想获得任何一种快乐，我们都需要一种完全不同于及时行乐的精神，需要某种羞涩、某种不确定的希望、某种孩子气的期盼。纯洁和单纯对于感情是必不可少的，甚至对于邪恶的感情也如此，即便邪恶也要求自己是一种纯净的邪恶。

欧玛尔（或菲茨杰拉德）对东方世界的影响，我们不再去追究，他对西方世界的打击已经很惨重，使之瘫痪了。如前所说，清教徒要比欧玛尔快乐得多。追随梭罗（Henry David Thoreau）或托尔斯泰的那群新禁欲主义者要快活得多，因为，放弃大量饮酒及诸如此类的奢侈享受在我们看来也许只是毫无意义的否定，但它有可能让一个人享受到无数的天性之乐，最重要的是，它让一个人保持他天生的快乐的能力。梭罗不喝咖啡也能欣赏日出；托尔斯泰即便不欣赏婚姻，他的身心至少还很健康，还能够欣赏泥巴。即使没有最自然的奢侈品，人也能够欣赏自然。一丛茂盛的灌木不需要酒，但是，若对幸福持一种错误的态度，我们就既不能欣赏自然，也不能欣赏酒或其他事物。欧玛尔（或菲茨杰拉德）对幸福持的就是一种错误的态度。他和那些受他影响的人都不知道，我们若想真正快乐，就必须相信事物本质之中有某种永恒的快乐。如果我们不相信星星也在伴随着同样的旋律跳舞，我们连募捐舞会上的四人舞蹈（pas-de-quatre①）也无法充分地欣赏。若非严肃之人，无人能真正狂欢。圣经上说："酒能悦人心"，但这只是对有心的人。只有精神性的事物才有可能享受到所谓的精神振奋。归根结底，人除了为事物的本质感到高兴之外，不可能有其他的高兴；归根结底，人除了享受信仰之外，不可能有其他的享受。

在世界历史上，人类曾经一度相信，星星伴随着它们圣殿中的旋律跳舞。自那以后，星星的舞蹈仍在继续，而人类却不再跳舞。欧玛尔这位写出《鲁拜集》的圣贤与这种古老的异教的幸福论不甚相干，正如他和基督教的任何派别不甚相干一样。他不是酒神崇拜者，也不是圣徒。狄奥尼修斯和他的教会建立在一种非世俗的生活之乐——类似沃尔特·惠特曼那种生活之乐——的基础上。狄奥尼修斯使酒成为一种圣礼，而非药物；耶稣基督也使酒成为一种圣礼，而非药物。但是，欧玛尔使酒

---

① 一种四人舞蹈。

成为一种药物，而非圣礼。他欢宴，因为人生是痛苦的；他痛饮，因为他不快乐。他说："喝吧，因为你不知道自己从哪里来，也不知道自己为何要来。喝吧，因为你不知道自己何时去，也不知道要往哪里去。喝吧，因为星星是冷酷的，世界如在风中哼歌的茎叶一样无聊。喝吧，因为没有任何东西值得信任，没有任何东西值得拼搏。喝吧，因为一切都堕入了低劣的平等和邪恶的和平之中。"所以，他站在那里，向我们递他手中的酒杯。在基督教高高的祭坛上，站着另一个人，他的手中也端着盛葡萄汁的杯。他说："喝吧，因为整个世界都像这酒一般红，里面盛着上帝深红的爱与忿怒。喝吧，因为战斗的号角正在吹响，这杯是饯行酒。喝吧，因为这是用我血所立的新约，是为你们流出来的。喝吧，因为我知道你从哪里来、为何要来。喝吧，因为我知道你何时去、要往哪里去。"

第八章　黄色报刊的温馨

如今我们听到很多来自各方面对新报刊的影响的抗议，这种新报刊与阿尔弗雷德·哈姆斯沃思①和西利尔·亚瑟·皮尔逊②先生的名字联系在一起。每位抨击者的理由都是：这种报刊太耸人听闻，太暴力、粗俗，令人震惊。可是我要说，这种报刊之所以令人厌恶，是因为它不够耸人听闻，不够暴力。我这样说并非假装要与众人意见相左，而是纯粹出于个人真实的印象。这种报刊真正的缺点不在于它令人震惊，而在于它平淡得几乎令人难以忍受。其整体目标是要小心翼翼地保持在一个大众预期的、平淡无奇的水准。这个水准可以很低，但必须确保是端平的。在这种报刊里面，你绝对没有机会听到平时在大街上从普通的出租车司机那里听到的普通百姓言辞的那种真实的辛辣。我们听说过一种有关得体的标准：有趣而不粗俗。然而，这种报刊有关得体的标准是：所报道之事如果是粗俗的，那就应该让它粗俗而无趣。这种报刊非但没有能够夸大生活，反而确实低估了生活。它必须这样做，因为这种报刊的初衷就是要为那些被现代生活的残酷折磨得筋疲力尽的男人们提供一丝缺乏生气的消遣。这种报刊根本不是黄色报刊，而是灰黄色报刊，单调乏味。阿尔弗雷德·哈姆斯沃思向那些疲惫的职员们发表的言论万万不可比后者可能向他发表的言论高明。这种报刊万万不可揭露任何人（任

---

① Alfred Harmsworth（1865—1922），后来成为诺思克利夫子爵，1896年在伦敦创办了一份售价半便士的报纸——《每日邮报》，开创了报刊业的新时代。
② Cyril Arthur Pearson（1866—1921），1890年创办了《皮尔逊周报》。1900年，即在《每日邮报》问世后四年，他创办了自己售价半便士的报纸——《每日快讯》。

何有权有势的人），万万不可冒犯任何人，甚至万万不可过于取悦任何人。尽管如此，大家仍然普遍有这种隐隐约约的感觉，认为黄色报刊耸人听闻。其实，这完全是由一些外在因素引起的，例如，这些报刊用大号铅字排印，使用过分渲染的标题等等。报刊的编辑们确实尽可能用大号大写的铅字排印一切内容，但是，他们这样做不是因为其内容令人震惊，而是因为其内容具有安慰镇静的作用。对于坐在昏暗车厢中筋疲力尽或半醉半醒的人来说，用这种大号醒目的字体呈现报刊的内容是一种简化和一种安慰。编辑们用这种大写字母对待读者，其原因与父母和家庭女教师在教孩子拼写时使用大写字母完全相同。幼儿园的老师把 A 写得像马掌那么大，不是为了激发孩子跳跃，而是为了让孩子安静，使所学的东西显得容易，一目了然。阿尔弗雷德·哈姆斯沃思和皮尔逊先生开办的那所昏暗、安静的贵妇人学校也具有同样的性质。他们表达的所有情感都是单词拼写本的情感，也就是说，是学生已经熟悉及尊重的情感；他们所有最耸人听闻的广告都是从习字帖中撕下的纸页。

至于像法国、爱尔兰、美国的那种真正耸人听闻的报刊，在我们英国寥无踪迹。一位爱尔兰记者若想制造恐怖，他会写值得大众讨论的恐怖事件——谴责爱尔兰的一位要人腐败或控告整个警察系统，揭露他们一场具体、邪恶的阴谋。一位法国记者若想引人战栗，就能写出令人战栗的事情，比方说，他发现法兰西共和国总统谋杀了三个妻子。我们黄色报刊的记者们在无耻杜撰上与此类似，在认真、诚实方面，他们的道德状况也差不多。可是，我们黄色报刊的记者们由于天生智力如此，只能杜撰出镇静的，甚至消除疑虑的东西。他们对北京屠杀使节的报道是虚假的，也是枯燥无味的（那些因个人的缘故恐惧、悲伤的人，他们的看法除外）。他们的报道没有对中国局势发表任何大胆、启发性的观点，只传递出一种模糊的信息：除大量的血腥之外，没有什么能给人留下深刻的印象。真正的耸人听闻（这是我个人碰巧非常喜欢的）可能要么是道德的，要么是不道德的。但即便在很不道德时，它也需要道德的勇气，因为令人吃惊确实是世界上最危险的事情之一。如果你让一个有感觉力的生物跳起来，你绝对不会使它无法扑到你身上。但是，新报刊运动的领导者却不具备任何道德或不道德的勇气，他们全部的方法在于，别人随意说说的事情，他们煞费苦心，突出地去强调，并且不记得自己说了些什么。当他们鼓足勇气去抨击时，他们从未勇敢到抨击某个大而真实的事物，使那个事物因受到抨击而发出回应的地步。他们不像法国人那样抨击军队，不像爱尔兰人那样抨击法官，也不像一百年前的英国人那样抨击民主。他们抨击陆军部这类东西，即人人都抨击而不屑去辩护的东西；他们抨击属于四流连环漫画上老掉牙的笑话的东西。正如一个人扯着嗓门大喊表明了他声音的微弱，新报刊运动的领导者们在竭力想取得轰动效应时，表明了自己的思想中那种不可救药的平庸本质。在整个世界充满着庞大、可疑的机构，在文明全部的罪恶近在眼前之时，他们所认为的勇敢、聪明就是抨击陆军部。倘若如此，他们倒不如发起一场反对天气的运动，或是成立一个秘密协会，专门去嘲笑岳母们。我们可以引用柯珀（Cowper）诗歌中亚历山大·塞尔扣克的话说："他们的平淡乏味令我震惊。"这句话不只是我这种在耸人听闻的报道方面是业余专家的人才有资格引用。整个现代世界都渴望真正耸人听闻的报刊，这点已经被布拉奇福德（Blatchford）先生所发现。布拉奇福德先生是一位非常诚实、富有才干的记者，他发起了一场反对基督教的运动。我相信，为此他受到了来自四面八方的告诫：这会毁掉他的报纸。但他出于令人敬佩的知识分子的责任感，仍然一如既往地这样做。然而他发现，当他无疑地使读者们感到震惊时，他也大大地促进了报纸的发行量。首先，那些赞同他的观点、想要读他的报纸的人买他的报纸；其次，那些反对他的观点、想要给他写信的人也买他的报纸。这些来信堆积如山（我很高兴地说，这其中有我一份贡献），普遍都写得十分充实。于是，人们偶然发现了（就像发现蒸汽机一样）报刊界这句至理名言：一个编辑只要能激起读者足够的愤怒，他们就会为他的报纸贡献一半的篇幅而分文不取。

有些人认为，哈姆斯沃思和皮尔逊创办的这类报纸几乎不值得我们作如此认真的探讨，但是从政治或伦理的角度来看，这种观点几乎不成立。哈姆斯沃思之流思想的温暾、平凡乏味，反映了另外一个问题的主要方面，这个问题与之类似，但要严重得多。

哈姆斯沃思式的记者以崇尚成功和暴力开始，以彻底的胆怯与平庸告终。但是，在这方面他绝非孤单一人，他也绝非仅仅因为个人的愚蠢才落此命运。任何人，无论多么勇敢，只要他以崇尚暴力开始，就必然以彻底的胆怯告终。任何人，无论多么聪明，只要他以崇尚成功开始，就必然以彻底的平庸告终。这种奇怪和吊诡的命运与个人无关，而是与人生哲学、见解观念有关。导致这种必然失败的不是那个人的愚蠢，而是他的智慧。对有些崇拜，这句话放之四海而皆准，那就是：崇拜者注定要沦为奴隶与懦夫。对成功的崇拜只是这类崇拜当中的一种。一个人可能为了盖洛普夫人的密码①或以自己为祭而成为英雄，但他不可能为了成功而成为英雄。因为很显然，一个人可能因为爱盖洛普夫人，或爱自己，不愿成为祭品而选择失败，但他不可能因为爱成功而选择失败。当人以胜利作为衡量一切的标准时，他们从来就没有足够的耐心坚持到胜利。只要事情确实有希望，我说你这个人心存盼望，那不过是恭维、陈词滥调。只有当一切都陷于无望之际，盼望才开始成为一种力量。与基督教一切其他的美德一样，盼望既是必不可少的，也是难以理喻的。

正是因为事物本质中这种致命的吊诡，所有这些现代的冒险家才最终落到沉闷乏味和默从的境地。他们渴望力量，对他们而言，渴望力量就是赞赏力量，赞赏力量就只是赞赏现状。他们认为，渴望强大的人应该尊重强者。他们没有认识到一个显然的事实，那就是：渴望强大的人

---

① 切斯特顿在这里指的是 1899 年美国出版的一本书——《在法兰西斯·培根的著作中发现的双边密码，由伊丽莎白·威尔斯·盖洛普夫人破译》。

必须藐视强者。他们力求成为一切，有宇宙全部的力量作为自己的后盾，拥有驱动群星的能量。但是，他们没有认识到两个重要的事实：第一，在试图成为一切时，第一步也是最难的一步是成为具体的某物；第二，一个人一旦成为具体的某物，他从根本上就藐视一切。科学家说，低等动物通过一种盲目的自私提高自己的地位。倘若如此，唯一真正的道德就是：若想胜利，我们的自私也必须同样的盲目。一头毛象没有歪着脑袋思忖自己的族类是否有点过时，而整个毛象族类至少像这头毛象所认为的那样与时俱进。一头高大的驼鹿没有说"偶蹄现在已经非常过时了"，它还是继续擦拭自己的双蹄以备用。①但是，在理性的动物当中已经出现了一种更可怕的危险：他可能因为预见到自己的失败而失败。在谈到人有必要使自我适应时代的趋势时，现代社会学家忘记了一点，那就是：时代趋势在巅峰之时完全是由不愿意使自己适应一切的人构成的。在低谷时，时代趋势由成千上万个惊恐之人构成，他们全都使自己适应一个根本不存在的趋势，现代英国正越来越向这种状况迈进。现在人人都谈公共舆论，所谓公共舆论，他们指的是去掉了自己意见的公共舆论。人人都认为自己对公共舆论的那份贡献是消极的，错误地认为他人的贡献是积极的。人人都放弃自己的想法，屈从于一个普遍的论调，而这个普遍的论调本身就是一种屈从。铺展在这一切愚昧残忍的一致之上的，是如今这种陈词滥调、令人生厌的新报刊，它无力创新，无力勇敢，只会屈从。这种屈从更加可鄙，因为它甚至不是向强者屈从。所有以强力和征服开始的人都会以这种结局告终。

这种"新报刊"主要的特点就是低劣，它是我们这个时代绝无仅有的最不定型、最无特色、最粗制滥造的作品。

---

① 切斯特顿所处的那个时代与今天一样，"适应时代的趋势"、"与时俱进"成为时髦。切斯特顿认为，不是所有的东西都需要与时俱进，毛象、驼鹿若视自己的身体构造为过时，那实在是荒谬。在一个时代，倘若人人都追求适应所谓的时代趋势，这只能说明这个时代处于低谷，而非巅峰之时。——译者注

昨天我读到一句话，这句话应该用金子和金刚石刻下来，它正是大英帝国新人生哲学的座右铭。正如各位读者已经迫不及待地猜测到的，我在《皮尔逊杂志》中读到这句话，当时我正在与 C. 亚瑟·皮尔逊先生进行心灵与心灵的对话，他名字的第一个词用的是缩写，我想可能是 Chilperic。这句话出现在一篇关于美国总统大选的文章中，引用如下，诸位一定要仔细阅读，反复吟诵，直到将其中所有的精华都品味出来：

对美国工人听众来说，一点合理的常识往往要比大量高超的论证更奏效。在上一轮的总统大选中，一位演讲者在发表了自己的观点之后，往一块木板上钉了几颗钉子，因此赢得了好几百张选票。

我不想用评论来玷污这段美妙绝伦的文字，在听了阿波罗①的歌声之后，墨丘利②的讲话就显得刺耳。但是，我请大家简单地思考一下这段文字的作者、同意发表这段文字的编辑、可能受这段文字影响的读者以及那些不可思议的美国工人（就我所知，以上对他们的描述完全有可能是真的），思考一下所有这些人的思想——他们奇怪的难以理喻的思想，思考一下他们对"常识"的理解。我们很高兴地得知，假如你我有机会参与总统大选，现在通过做诸如此类的事情，我们就能够获得几千张选票。因为我想，体现"常识"并非一定得用钉子和木板，用其他物品也是可以的，因此，我们可以有如下版本：

"一点常识会比高超的论证更能给美国工人留下深刻的印象。一位演讲者在发表了自己的观点之后，从自己的背心上扯下几粒纽扣，因此赢得了好几百张选票。"或"在美国，合理的常识比高超的论证更奏效。参议员巴吉特每次道出一句精辟之语，就把假牙抛到空中，因而赢得了美

---

① 希腊神话中主管光明、青春、音乐、诗歌、医药、畜牧之神。——译者注
② 罗马神话中为众神传信并掌管商业、道路之神。——译者注

国工人坚定的支持。"又或"来自阿尔斯沃德的一位绅士在演讲过程中不断地往头发里扎稻草,这种合理的常识确保了罗斯福先生竞选获胜。"

那篇文章中有很多其他东西我乐意详谈,但我想指出的是,那段引文清楚地揭示了我们的大臣们、帝国的建设者们、每日奔忙拼命赚钱的人们、强壮沉默的人们,他们所谓的"常识"真正指的是什么。他们指的是用震耳欲聋的声音将毫无意义的铁钉敲进毫无用处的木头里,以取得戏剧性的效果。

一个人走上美国的一个舞台,拿着一块木板、一把锤子,像愚蠢的江湖骗子那样在众人面前表演。对于这个人,我不责备他,甚至还会钦佩他。他也许是位高雅、精神抖擞的战略家;也许像往地板上掷匕首的埃德蒙·伯克①一样,是位出色的浪漫演员;(就我所知)甚至也许是位令人起敬的神秘主义者,对木匠这一神圣职业的古老含义铭记在心,此刻正在以礼仪的形式向听众讲述一个比喻。我唯一想指出的是人们思想上的这种深深的混淆,在这个混淆中,如此狂热的仪式主义竟然被称为"合理的常识"。正是在思想上这种深深的混淆中,也唯有在它之中,新帝国主义才得以"生活,行动,存留"。张伯伦先生全部的光荣与伟大都在于他认为,只要一个人敲了该敲的钉子,没有人关心他把钉子钉到哪里,或钉子有何作用。他们关心的是锤子发出的噪音,而不是钉子默默地将东西固定。在非洲战争之前和整个战争过程中,张伯伦先生一直不断地在敲钉子,敲得坚定不移,铿锵有力。但是,当我们问"这些钉子究竟将什么钉到了一起?你的木工活在哪里?你那些心甘情愿的外国人在哪里?你所谓的自由的南非在哪里?你的英国人的威望在哪里?你的钉子都做了些什么"时,有什么答案吗?我们只得(带着满怀感情的叹息)回到皮尔逊那里,寻找最后一个问题的答案:"那位往木板上钉钉

---

① Edmund Burke (1729—1797),强烈地反对法国大革命,在1792年12月28日下议院的一场辩论中,提到法国向伯明翰订购了三千把匕首后,他突然抽出一把匕首,掷到地板上,说:"你们与法国结盟,后果将如是。"

子的演讲者赢得了几千张选票。"

上述引用的那一整段话绝妙地体现了皮尔逊先生所代表的新报刊的特征（这份新报刊刚刚收购了《旗帜报》①）。在此我仅举一例，这种例子我可以列举几百个。皮尔逊刊登的那篇文章在描述那位手拿钉子和木板、无与伦比的男人时，说他边猛敲那颗象征性的钉子边大声喊道："第一个谎言。将它钉到桅杆上！将它钉到桅杆上！"（Lie number one. Nailed to the Mast! Nailed to the Mast!）显然，整个报社没有一名排字工人或勤杂员指出，我们英国人说将谎言钉在柜台上（lies being nailed to the counter），而不是钉在桅杆上②。整个报社没有人知道，《皮尔逊杂志》犯了一个老掉牙的荒诞可笑的错误（an Irish bull），这个错误历史之悠久，一定堪与圣帕特里克（St. Patrick, 387—493?）相比。这是出售《旗帜报》真正的、根本性的悲剧所在。我们说它是悲剧，不仅仅因为这是新闻对文学的胜利，更是因为这是劣质报刊对优秀报刊的胜利。

我们说它是悲剧，不是因为我们认为一篇具有重要价值的美文被一种我们认为平庸或污秽的文章所取代，而是因为对同类的文章，人们宁愿选择要质量差的而不要质量好的。你若（和我一样）喜欢大众报刊，你就知道《皮尔逊杂志》是一份低劣的大众报刊，其影响力很小。你确切地知道这一点，就像你一尝黄油就能断定它质量不好一样。你确切地知道《皮尔逊杂志》是低劣的大众报刊，正如你知道在福尔摩斯那个伟大的时代，《斯特兰德》（Strand）是优秀的大众报刊一样。皮尔逊先生一直是这种极其平庸的典型，他所说所做的每一件事总是显得极其愚笨。他疾呼支持国内贸易，却利用外贸印刷他的报纸。当这一显眼的事实被人指出后，他没有像明智的人那样，说这是失察，而是像三岁小孩一样，用剪刀把报纸剪掉。他的狡诈本身也是极其幼稚的。像三岁小孩一

---

① 皮尔逊1904年收购的一家报纸。
② nail a lie to the counter 意为"拆穿谎言"。——译者注

样，他没有把报纸完全剪掉。我怀疑在整个人类历史的记载当中，能否找得出这样一个在欺骗时表现得如此天真单纯的例子。这就是现在占住古老、明智、享有盛誉的托利党报刊座位的那种智慧。如果这真的是美国报刊那种旺盛的生机勃勃所取得的胜利，那么，我们的新报刊即便粗俗，也仍然是旺盛的。问题是，它不旺盛。我们被交到了黑刺莓手里，从这最低劣的灌木中，有火焰出来焚烧黎巴嫩的香柏树。

现在唯一的问题是：这种等级的记者代表公共舆论，这一谎言还会持续多久。金钱已经收买了英国各大日报，使它们以绝对的优势支持关税改革。与这种荒谬可笑的优势相比，还有没有哪位认真诚实的关税改革者会片刻地坚称英国大多数人都支持关税改革，这是值得怀疑的。为真正的公共舆论起见，我们得出的唯一推论是：报业现在只是一个财阀统治的寡头组织。毫无疑问，大众出于这样那样的原因购买这些人的产品，但是我们没有理由认为大众会赞赏他们的政治，正如我们没有理由认为大众会赞赏克罗思先生脆弱的人生哲学或布莱克韦尔先生[①]更加隐晦、更加严格的信念一样。如果这些人只是商人，我们除了说在巴特西公园路（Battersea Park Road）上这种人多的是，有很多人比他们好得多之外，没什么其他的可说。但是，一旦他们试图当政治家，我们就只能告诉他们，他们连记者都还没有当好。

[①] 克罗思与布莱克韦尔公司（Crosse and Blackwell）过去（现在仍然）生产各种各样的食品，尤其是辛辣调味品。

第九章　乔治·穆尔先生的变化无常

乔治·穆尔先生的文学生涯以写自己的忏悔录开始，倘若他不继续写忏悔录作为对自己人生的提醒，这倒也无妨。乔治·穆尔先生是一个思想非常有说服力的人，非常善于以一种即兴、雄辩的方式说服别人，让别人既激动又高兴。他的诚实永远只是暂时的。现代所有最值得赞赏的古怪人，他都赞赏，直到他们无法容忍为止。我们必须彻底承认，他写的一切东西都具有真正思想的力量。他对自己离开罗马天主教会原因的叙述，可能是近年问世的文字中对罗马天主教会最好的颂词，因为事实上，使得穆尔先生众多的才华不能发挥的那个缺点，正是罗马天主教会在它鼎盛时期努力克服的缺点。穆尔先生恨恶天主教，因为他生活在如同镜子的虚幻世界中，而天主教拆毁了他的世界。对天主教要求他相信神迹或圣礼在灵性意义上存在，穆尔先生并不特别恨恶；但是，对人们要求他相信他人的真实存在，他有着根深蒂固的恨恶。像他的老师佩特以及所有唯美主义者一样，他对人生真正的怨言是：人生不是一场梦，可以由做梦人随意塑造。困扰他的不是关于彼岸世界真实性的教义，而是关于此岸世界真实性的教义。

事实上，基督教传统——欧洲至今唯一连贯的道德体系——建立在两三个悖论或者说奥秘之上。这些悖论或奥秘在辩论中很容易受到抨击，在生活中则同样容易被证明为合理。例如，其中一个悖论就是关于望或信的悖论：一个人越处于无望的境地，越应该心存盼望。斯蒂文森[①]

[①] Robert Louis Stevenson（1850—1894），苏格兰诗人、散文家、小说家、游记作家。——译者注

明白这一点，所以，穆尔先生不能理解斯蒂文森。另一个是关于爱或侠义的悖论：一个东西越软弱，越应该受到尊敬；一个东西越无可辩解，越应该呼吁我们为之辩护。萨克雷①明白这一点，所以，穆尔先生不能理解萨克雷。基督教传统中一个非常现实、时刻在运行的奥秘，在我看来也是天主教会极力挑选出的一个奥秘，就是骄傲之罪这个观念。骄傲是性格中的一个弱点，它使人失去欢笑，失去惊奇，失去侠义柔肠，失去活力。基督教传统明白这一点，所以，穆尔先生不能理解基督教传统。

事实甚至比有关骄傲之罪的正式教义所体现的还要奇怪得多。谦卑远比骄傲显得聪明、强劲，非但如此，虚荣也远比骄傲显得聪明、强劲。虚荣是社会性的，几乎是一种同伴情谊；骄傲则是孤独的，远离文明世界。虚荣是主动的，它渴望无数众人的掌声；骄傲是被动的，只渴望一个人的掌声，这掌声它已经获得了。虚荣是幽默的，甚至能够欣赏冲它开的玩笑；骄傲则毫无生气，甚至连微笑也不能。二者之间的这些区别也正是斯蒂文森与穆尔先生的区别所在。穆尔先生告诉我们，他已经"将斯蒂文森拂到了一边"。②我不知道斯蒂文森被拂到了哪里，但是我想，无论他在哪里，他都很开心，因为他有智慧，虚荣而不骄傲。斯蒂文森拥有的是夸夸其谈的虚荣，穆尔先生拥有的是缺乏活力的自我主义。因此，斯蒂文森的虚荣既能够为我们提供娱乐，也能够自娱；而穆尔先生的可笑所产生的最佳效果连他自己也毫无察觉。

如果我们将这种严肃的愚蠢与斯蒂文森在推崇自己的著作、痛斥批评者时所表现出的快乐的愚蠢进行比较，我们就不难猜测，为什么斯蒂文森至少找到了某种终极哲学作为自己的人生指南，而穆尔先生则始终在满世界跑，寻找一种新哲学。斯蒂文森发现人生的秘诀在于谦卑和欢

---

① William Makepeace Thackeray (1811—1863)，英国小说家，以写作《名利场》著名。——译者注
② 在《一位年轻人的忏悔录》中，穆尔批评斯蒂文森将才华浪费在"文体的优美"上："我愿意坦率地说，R. L. 斯蒂文森写的每一句话都令我欣喜，但他从未写过一本书。"

笑。自我就是戈耳工①，虚荣以他人和他人的生活为镜，在这面镜子中窥视自我；骄傲则为了自我而研究自我，结果被化为了石头。

　　对穆尔先生这一缺陷，我们有必要详述，因为这确实是一个并非一无是处的缺陷。穆尔先生的自我主义不仅仅是道德上的缺陷，而且是一个很常见、影响甚广的审美上的缺陷。倘若穆尔先生对自己不是如此地感兴趣，我们对他会感兴趣得多。我们感觉自己仿佛被人领着参观一个画廊，画廊的每幅画都十分美丽，画家借助一些毫无用处、不相一致的常规手法，在每幅画中都描绘了同一人物的同一姿势："穆尔先生远眺的大运河"、"穆尔先生在山霭中的效果"、"炉火边的穆尔先生"、"月光下穆尔先生的废墟"，等等，似乎构成了一个无穷无尽的画像系列。毫无疑问，穆尔先生会回答说，他本来就打算在这类书中展现自己。我们的回答却是：他没有成功。对骄傲之罪，我们有一千个反对的理由，其中一个理由就是：自我意识到必要，就会破坏自我展现。一个专注于自己的人会竭力表明自己是位多面手，试图在各方面都表现出戏剧般的出色，竭力表明自己是文化百科全书，而他自己真正的个性则在这种虚假的万能中湮没了。考虑自己就会导致竭力成为宇宙万物，竭力成为宇宙万物就会导致不再是具体事物。相反，一个人若明智，只思考宇宙，他会从自己独特的角度去思考宇宙。他不会触碰、玷污上帝的秘密，会从自己独特的视角去看小草、太阳，看到它们不为人知的一面。穆尔先生的"忏悔录"②实际上阐明了这个事实。在读他的忏悔录时，我们感觉不到一个像萨克雷和马修·阿诺德③那样轮廓分明的人格存在，我们只读到一些非常聪明、大都相互冲突的观点。任何聪明的人都可能发表这些观点，但只是因为它们是穆尔先生发表的，所以他请求我们特别地予以赞赏。他，或者说他的名字，是唯一一条将天主教和新教、现实主义和

---

① 希腊神话中的三个蛇发女怪之一，人一见其貌就化为石头。——译者注
② 《一位年轻人的忏悔录》(1888)。
③ Matthew Arnold（1822—1888），英国诗人、文学评论家和社会评论家。——译者注

神秘主义贯穿起来的线索。甚至对自己不再坚持的观点，他也全神贯注，且期望我们也如是。甚至在没必要将"我"带入之时——在它会削弱普通的一句话的力量之时，他也强行将大写的"我"带入。别人说"今天天气真好"，穆尔先生会说："侬我的性情来看，天气似乎不错。"别人说"弥尔顿的文体显然很优美"，穆尔先生会说："作为一位文体家，弥尔顿总是给我留下深刻的印象。"这种自我中心精神的复仇女神是彻底徒劳无益的复仇女神。穆尔先生发起了很多场有趣的运动，但总是在他的追随者开始行动以先他就放弃了这些运动。即便站在真理这方时，他也像谬误之子那样变化无常。他具有所有爱尔兰人都具有的一个特点——好战，这无疑是一个重要的美德，在当今时代尤其如此。在萧伯纳之流身上，这种好战精神往往伴随着对信念的坚持，但是，穆尔先生没有对信念的坚持，他的内省和自私的弱点在达到巅峰时不能阻止他去战斗，却总是阻止他获胜。

第十章　论凉鞋与简朴、单纯

现代英国人的巨大不幸根本不在于他们比其他民族更自夸（英国人其实不比其他民族爱自夸），而在于他们夸耀那些人一旦自夸就会失去的东西。法国人可以为自己勇敢及具有逻辑头脑而自豪，同时仍然保持勇敢和具有逻辑头脑；德国人可以为自己有条理及善于思考而自豪，同时仍然保持有条理和善于思考。但是，英国人不可能为自己单纯及直率而自豪，同时仍然保持单纯和直率。对于这两项奇怪的美德，意识到它们就等于扼杀了它们。一个人可以意识到自己勇敢，意识到自己神圣，但他不可能意识到自己无意识（尽管所有英国诗人都这样认为）。

我想，只要我们诚实，我们就不会否认，这种不可能性与一个阶层（这个阶层内部观点有巨大的分歧）——至少与盎格鲁—撒克逊主义学派（the school of Anglo-Saxonism）——有部分关联。所谓盎格鲁—撒克逊主义学派，我指的是通常与托尔斯泰①联系在一起的那个学派，即简朴生活派。如果说一个人不断地谈论自己的强健会导致他不那么强健，那么，不断地谈论自己的单纯会导致他不那么单纯，这句话就更为正确。我认为，对现代简朴生活——各式各样的简朴生活，从素食主义到都克波人（Doukhobors）②令人起敬、始终如一的简单宗教生活——的倡导者，人们必定会产生极大的抱怨。这个抱怨就是：他们使我们在不重

---

① 托尔斯泰于1876年前后经历了一次思想转变，信奉一种宣扬基督之爱、非暴力、简朴生活的理论。他在一系列著作（如1882年出版的《我所信》）中阐释了这一理论，并将它付诸实践，放弃了自己一切的财产。

② 俄罗斯的一个宗派，起源于18世纪，强调内在经验至上，拒绝一切教会和社会的权威。

要的事情上变得单纯，在重要的事情上变得复杂。他们使我们在无关紧要的事情，即饮食、穿着、礼节、经济体制上变得单纯，但在重要的事情，即哲学、忠诚、灵性接受和灵性拒绝上变得复杂。一个人是吃烧烤的番茄（a grilled tomato）还是普通的番茄，这并不太重要，但是，一个人是否带着一个严加考问的头脑（a grilled mind）来吃普通的番茄却很重要。唯一一种值得保持的单纯是心地的单纯——有能力接受和享受的那种单纯。对何种体制能够保持这种单纯，我们也许会产生合理的疑问，但是，一个单纯的体制会破坏这种单纯，这一点是毋庸置疑的。一个出于本能吃鱼子酱的人比一个出于原则吃葡萄核的人更单纯。

  人们经常将简朴生活的倡导者与"简朴的生活和深刻的思考"①这个短语联系在一起，而从这个短语中，我们可以发现这些倡导者主要的错误所在。这些人不需要简朴的生活和深刻的思考，也不会从中得益；他们需要的正相反，他们会从奢侈的生活和简单的思考中得益。一点点奢侈的生活（我充分意识到自己的责任，所以说"一点点奢侈的生活"）就会让他们认识到人类的庆典、自宇宙之初就一直进行的那场盛宴的力量和意义；就会让他们认识到这样一个历史事实：如果说人为之物与自然之物有什么区别的话，那就是，人为之物比自然之物更古老；就会让他们认识到爱杯与饥饿一样古老，崇礼主义比宗教更古老。而一点点简单的思考就会让他们认识到，他们所提倡的伦理大部分是何等的苛刻，何等的怪诞，那些真心地认为爱国是错误的、战争是邪恶的托尔斯泰主义者，他们的头脑是何等的文明，何等的复杂。

  一个脚穿凉鞋、身着朴素衣服的人边啃着紧握在自己右手中的生番茄边说："爱家和爱国同样都会妨碍人类之爱的充分发展。"简单的思考者只会语带惊奇且夹杂着羡慕回答他说："天哪！您费了多大劲儿才产生了这种感受啊！"奢侈的生活拒绝番茄，简单的思考同样坚决拒绝战争一

---

① 引自华兹华斯的十四行诗"1802 年 9 月创作于伦敦"。

律是邪恶的这种观点。奢侈的生活使我们相信：将快乐贬斥为纯粹肉体的，没有什么比这更世俗的了。简单的思考使我们相信：认为我们害怕的主要是肉体的伤害，没有什么比这更世俗的了。

唯一重要的单纯是心地的单纯。心地的单纯一旦失去，怀表、网眼服装都不能使之恢复，唯有眼泪、恐惧与不熄的火焰才能将它寻回。我们若能保持心地的单纯，留几张维多利亚早期的扶手椅用来享受也无妨。让我们给思想单纯的老绅士上一道复杂的开胃菜吧，不要给思想复杂的老绅士上一道简单的开胃菜。只要人类社会不干涉我内在的精神世界，我会比较顺服，允许它在我的身体内任意而行。我会甘愿抽雪茄，会温顺地怀抱一瓶勃艮第红葡萄酒，会屈尊乘坐出租马车，只要通过这些方式我能够保持心灵的纯洁，这纯洁使人能以一颗惊讶和敬畏之心享受万物。我并不是说只有这些方式能够保持心灵的纯洁，我倾向于相信还有其他方式。但是，对那种缺乏敬畏、惊讶及喜乐的单纯，我不会与它有任何干系；认为一个孩子会单纯到不喜欢玩具的地步，对这种可恶的观点，我不会与它有任何干系。

的确，在这些以及很多其他事情上，孩子是最好的向导。孩子以一种单纯的快乐看待一切事物（甚至复杂的事物），没有什么比他在这方面表现出单纯更为得当的了，也没有什么比这更准确地展现了单纯正常的状态。虚假的自然总是反复强调自然与人为之间的区别，更高层次的自然则无视二者之间的区别。在孩子眼里，树和灯柱一样是自然的，也一样是人为的。或者，毋宁说，二者都不是自然的，而是超自然的，因为二者都非常庄严，是言语无法解释的。上帝让它在枝头绽放的那朵鲜花与灯夫山姆让它在灯柱上方散发的亮光，同样都是童话故事中的精华。在最荒芜的田野中间，最土气的孩子十有八九会玩蒸汽机。我们从灵性或哲学的角度反对蒸汽机，不是因为人花钱买了它们或在上面工作，也不是人把它们的样子设计得很丑陋，甚至不是人在操作它们的过程中丧生，而仅仅是因为人不玩蒸汽机。这一不幸在于机械装置中蕴涵的那种纯真的诗意已不复存在。其过错不在于人们过于崇拜发动机,而在于它没有得到足够的崇拜;其罪恶不在于发动机是机械的,而在于人是机械的。

在这件事情上,在本书探讨的所有其他事情上,我们得出的主要结论是:我们需要的是一种基本观念,一种哲学或宗教,而不是习惯或社会惯例方面的变化。我们最需要、能够解决当务之急的东西都是抽象概念。我们需要一种正确的人生观,一种正确的社会观。如果我们怀着渴望和愤怒,生活在对这些东西的热情之中,我们实际上就在真正的意义上、在灵性的意义上生活。渴望和危险使得每个人单纯。对那些妨碍我们,冲我们侃侃而谈耶格尔①与皮肤的毛孔、普拉斯蒙(Plasmon)②与胃膜的人,我们只能用痛斥纨绔子弟和饕餮之徒的话痛斥他们:"不要为生命忧虑吃什么,喝什么,为身体忧虑穿什么。这都是外邦人所求的。你们要先求上帝的国和他的义,这些东西都要加给你们了。"③这句惊人的话语不仅是极其实用、极其精辟的政治学,而且是最佳的保健学。要使所有这些过程——健康、力量、优雅、美丽——进展顺利,确保它们准确运行,最好的办法,也是唯一的办法,就是考虑其他事情。一个人若决心要登上七重天,他可能不会太在意皮肤的毛孔;他若套上马车奔往某个星际,这一行程将会对他的胃膜大有裨益,因为"考虑"(现代与之对应的最佳的一个词是"作理性的思考")就其本质而言,对一切普通、紧急之事是不适用的。人们考虑、理性地思考遥远的事情——那些只在理论上重要的事情,例如,金星的运行。只有处于危险之中时,人们才会对健康这种实际的事情作理性的思考。

---

① Gustav Jaeger,斯图加特大学动物学教授,在一本译名为《健康文化》的书中,他说人如果穿动物毛皮制作的衣服,身体会比现在更健康。
② 《海、陆军需品目录1907》这样介绍普拉斯蒙:"一种高度浓缩的牛奶蛋白质食品,一种可溶解、可消化的天然蛋白,完全可以替代肉食。"有各种各样的普拉斯蒙食品、饮料——普拉斯蒙茶、普拉斯蒙可可粉、普拉斯蒙燕麦等。1913年《伦敦杂志》上的一则广告郑重地称其为一种完美无缺的食品,含有维持生命所需要的一切成分。
③ 参见《圣经·马太福音》6:25, 32, 33。——译者注

第十一章　科学与野人

研究民间传说及类似的学科永远存在一个不利因素，这个不利因素就是：研究者往往并不一定就是生活在真实世界当中的人。他研究自然，但几乎从来不研究人性。即便他克服了这一障碍，在某种程度上成为人性的研究者，这也只是他通往成为人的那个痛苦历程的一个极其朦胧的开端。因为研究原始种族和宗教与所有（或者说几乎所有）普通的科学研究有一个重要区别：一个人只有成为天文学家才能懂得天文学；只有成为昆虫学家（也许，只有成为一只昆虫）才能懂得昆虫学；但是，他只要成为人，就能够懂得很多人类学的知识。他自己就是他所研究的动物。因而就出现了这样一个事实，这个事实在民族学和民间文学的记载中随处可见，那就是：导致天文学或生物学研究成功的那种冷冰冰、超然物外的态度，在神话学或人类起源研究中导致了灾难。为了正确地认识一种微生物，我们有必要放弃自己为人的身份；为了正确地认识人，我们没有必要放弃自己为人的身份。在解剖蜘蛛的胃时，一个人抑制内心的怜悯，抛开自己的本能或猜测，这样做使他显得异常聪明；但是，在解剖人的心脏时，这样做则使他显得异常愚蠢。为了了解人，他使自己成为了非人。很多研究者夸耀自己对彼岸世界的无知，但在这一点上，他们的缺陷不是源于对彼岸世界的无知，而是源于对此岸世界的无知。因为，人类学家想要了解的秘密，最好的获得方式不是通过书本或航行，而是通过人与人之间平常的交流。某个野人部落为什么会崇拜猴子或月亮？我们当中最聪明的人也许会旅行到这些野人当中，在笔记本上记下他们对这个问题的回答，但即便这样，他也不能揭开这个秘密。这个谜底在英国,在伦敦,甚至就在他自己心中。当一个人明白了邦德街①的人为什么戴黑帽子时,他同时也就明白了为什么廷巴克图人头上会插红色的羽毛。我们不应该在科学研究之旅的书籍中去发现野人在战场跳舞联欢的秘密,而应该在募捐舞会上去发现这个秘密。一个人若希望弄清楚宗教的起源,他就不要去桑威奇群岛,而是去教会;一个人若希望了解人类社会的起源,了解从哲学的角度对社会的定义,他就不要走进大英博物馆,而是走进社会。

这种对仪式真实本质的彻底误解,导致了人们对生活在野蛮地区或野蛮时代之人的行为作出了最蹩脚、最非人化的解释。研究者没有认识到,仪式本质上就是一件人们不需要任何理由就干的事,因此,他必须为每种仪式寻找一个理由。正如我们可能猜测到的,这种理由一般而言都非常荒谬,因为它并非产生于野人单纯的头脑,而是产生于这位教授复杂的头脑。例如,这位饱学之士会说:"迷信国(Mumbojumbo Land)的土著相信死人能吃饭,在他前往另一个世界的途中要人给他饭吃。他们在坟墓里摆放食物,不遵守这个惯例的家庭会招致祭司和整个部落的愤怒,即证明了这一点。"在任何一个了解人性的人看来,这种说法都是一派胡言。这就如同说:"20世纪的英国人相信死者有嗅觉,他们总是在死者的坟头摆放百合、紫罗兰或其他鲜花,即证明了这一点。有些牧师和村落的人产生恐惧显然与忘记向死者献花有关,因为有记载说,有几位老太太感到非常不安,因为葬礼已经开始了,而她们要的花圈尚未到达。"当然,野人让食物或武器与死者陪葬,可能是因为他们相信死人能吃饭,能作战,但我个人并不认为他们会这样想。我相信,他们往死者身上摆放食物或武器,其理由与我们往坟头摆放鲜花相同,因为这是一件极其自然、极其显然的事情。诚然,我们不明白导致我们认为这是一件显然和自然之事的那份感情,但那是因为,像人类生存中一切重要的

---

① 邦德街(Bond Street)是伦敦的一条街道,以其艺术品拍卖行和时装商店而著名。——译者注

感情一样，它在本质上是非理性的。我们不了解野人，野人也不了解自己，二者的原因是相同的；野人不了解自己，我们也不了解自己，二者的原因也是相同的。

有一个真理是不言而喻的，那就是，任何念头一旦闪过人的脑际，最终就永远不能成为科学研究的对象。它变成了一个永远神秘的无限之物，这个原本必朽之物从而披上了不朽的盛装。甚至我们称为肉体的欲望的那些东西也是精神性的，因为它们是属人的。科学可以分析一块猪排，告诉我们其中磷占多少比重，蛋白质占多少比重；但是，科学不能分析人想吃猪排的欲望，告诉我们其中饥饿占多少比重，习俗占多少比重，大脑的想象占多少比重，萦绕心头的对美的爱又占多少比重。我们可以毫不夸张地说，人对猪排的渴望和他对天堂的渴望一样，始终不可理解，难以捉摸。因此，一切试图将人类的东西变为科学，试图建立历史的科学、民间传说的科学、社会学的科学的努力，就其本质而言，不仅是徒劳，而且是疯狂。从经济史中，你不能断定一个人对金钱的渴望是否仅仅是对金钱的渴望，正如从圣徒传记文学中，你不能断定一位圣徒对上帝的渴望是否仅仅是对上帝的渴望一样。所研究的原始现象的这种含糊性，对任何本质上是科学的东西都是绝对致命的打击。人可以用少数几件仪器或非常简单的仪器建构科学，但世界上无人能够用不可靠的仪器建构科学。一个人也许可以用一把卵石建构整套数学，但他不可能用一把不断地散裂成新的小块、又不断地产生新聚合物的黏土建构数学。一个人也许可以用一根芦苇来量天地的尺寸，但他不可能用一根在不停生长的芦苇来量天地的尺寸。

我们来以故事的流传以及它们有一个所谓的共同来源为例，这是有关民间传说的一个巨大错误。科学的神话学家们将一个又一个故事从其历史语境中割裂出来，将它与他们神话博物馆中类似的故事并肩钉到一起。这个过程颇费心血，非常有趣，整个过程都建立在世界上一个最显而易见的错误之上。这个错误就是：一个故事在某个时间传遍了某地，这不仅不能证明这个故事从未真正发生过，甚至丝毫也不能暗示它从未发生过或彻底排除了它从未发生过的可能性。很多渔民假称自己捕着了一条两英尺长的狗鱼，这与是否真有人曾经捕着了这么长的鱼这个问题毫无关系。无数记者纯粹为了赚取稿费宣告法国与德国交战，这既不能证明确实发生了一场此类的战争，也不能证明没有发生一场此类的战争。毫无疑问，几百年后，那些实际上根本没有爆发的无数的法德战争，将会使具有科学头脑的人彻底地不相信19世纪70年代确实爆发的那场传奇式的普法战争。但那是因为研究民间传说的人（假如几百年后他们还存在的话），他们的本性是不会变的，他们对民间传说的贡献仍将与今天相同，比他们自己知道的还要大。因为实际上，这些人不是研究民间传说，他们从事的工作与上帝更相像——他们创造民间传说。

科学家认为有两类故事不可能是真的，原因是人人都讲述它们。第一类包括一种被四处传讲的故事，这些故事之所以被四处传讲，是因为它们有点奇怪或巧妙。这些故事完全有可能曾经是某个人的冒险经历，正如它们完全有可能曾经是某个人头脑中的想法一样（它们也确实曾经是某些人头脑中的想法），但它们不大可能发生在很多人身上。第二类包括另一种被四处传讲的故事，这些故事之所以被四处传讲，原因很简单：它们随处发生。第一类，我们可以拿威廉·泰尔（William Tell）的故事为例。这个故事现在通常被纳入民间传说之列，原因只有一个：我们在其他民族中也发现了类似的故事。显然，这个故事被四处传讲是因为，不论是真是假，它都是所谓的"好故事"——奇特，激动人心，具有高潮。但是，我们若说在整个射箭运动史上从未发生过这种奇怪的事情，或这种事情并没有发生在那些故事所讲述的任何一个人身上，那显然就太冒失了。朝缚在自己看重或喜爱的人身上的靶子射箭，富有创造力的诗人无疑很容易产生这种想法，但是，任何一位自负的弓箭手也很容易产生这种想法。它可能是某个故事讲述者的突发奇想，同样也可能是某个暴君的突发奇想。它可能首先出现在真实生活中，后来才出现在民间传说中；它也同样可能首先出现在民间传说中，而后出现在真实生活中。假如自创世以来，从来没有人从一个小男孩的头顶射下苹果，明天早晨这种事情就有可能发生，一个从未听说过威廉·泰尔的人就有可能这样做。

的确，这种故事与那些常见的、以妙语或荒谬可笑的错误结束的逸事也许可以相提并论。大家都知道，人们常常将诸如"我不明白这有何意义"这类著名的反驳归于塔列朗（Talleyrand）、伏尔泰、亨利·夸特（Henri Quatre）、一位无名氏法官或其他人的名下。尽管我们对此语的出处观点不一，但这丝毫不能证明这句话以前可能从未有人说过。这句话很可能以前确实有谁说过，很可能确实是塔列朗说的。无论如何，我们不难相信，这句妙语可能出自一个人聊天之时，正如我们不难相信，它可能出自一个人撰写的回忆录一样。它可能出自我以上提到的任何一个人之口，但有一点区别，那就是，它不大可能出自所有那些人之口。这就是我以上提到的所谓第一类神话与第二类神话的区别所在。因为我们发现有一种事情是五六位英雄——比如，西古尔德①、赫拉克勒斯、罗斯托②、熙德③等人——的故事中所共有的，这类神话的奇特之处在于，我们不仅可以十分合理地想象它确实发生在一位英雄身上，而且还可以十分合理地想象它确实发生在所有这些英雄身上。例如，这类故事讲述了一位伟大的男人，他的力量神秘地受制于一个女人的软弱或因之受挫。如上所说，逸事趣闻类的故事（如威廉·泰尔的故事）之所以流行，是因为它很奇特；但是，像参孙与大利拉、亚瑟与圭尼维尔这类故事，它们之所以流行，显然是因为它不奇特。这类故事流行，就如同朴

---

① 1876 年威廉·莫里斯出版了冰岛关于沃尔松族的西古尔德英雄传奇的英文版。
② 波斯一位伟大的民族英雄，据称活到好几百岁，作战数百年，每战必胜。马修·阿诺德的《邵莱布和罗斯托》（*Sohrab and Rustum*, 1853）讲述了这位英雄如何在不知情的情况下与自己的儿子作战，杀死了儿子。
③ 一位西班牙英雄，1099 年去世。有很多关于他的传奇故事在民间流行，12 世纪的《我的熙德诗》（*Poema del Cid*）以史诗的形式讲述了这些传奇故事。

素的好小说流行一样，因为它讲述了有关人的真理。如果说参孙和赫拉克勒斯毁于女人之手来源于同一个民间传说，那么，我们很高兴地得知，我们也可以将纳尔逊①和巴涅尔②毁于女人之手当作神话来解释。我毫不怀疑，几百年后，研究民间传说的人绝对不相信伊丽莎白·巴雷特与罗伯特·勃朗宁私奔。他们会用这样一个无可置疑的事实彻底地证明自己的观点，那个事实就是：勃朗宁时代所有的小说彻头彻尾地充满了这类私奔的故事。

现代研究原始信仰的人，他们最严重的错误也许是有关所谓拟人论的观点。他们认为，原始人将自然现象的发生归于一位人形的神祇所为，为的是解释这些现象，因为原始人的思想受迟钝的局限，不可能超越其自身简陋的生存环境。原始人之所以称雷声为人的声音、闪电为人的眼睛，是因为经过这番解释，雷电就显得合理一些，不那么令人害怕。对凡此种种的观点，最终的纠正方法就是夜间去一条小巷中走走。任何一个去走走的人立刻就会发现，原始人将一切事物背后的那个东西描绘为半人半神的形状，不是因为这种想法是自然的，而是因为它是超自然的；不是因为这种想法使得事物更容易理解，而是因为它使得事物更神秘、更不易理解一百倍。一个夜间在小巷中行走的人能够明白这个显而易见的事实，那就是：只要自然按照自己的规律正常运行，她对我们就无能为力。只要一棵树是树，它就是一个头重脚轻的怪物，长着一百只胳膊、一千条舌头，只有一条腿。但是，只要一棵树是树，它就根本不会吓着我们。只有当它看上去与我们自己相似时，它才开始变成某个陌生、奇怪的东西。当一棵树真的看似是人时，我们就会吓得两腿哆嗦；当整个宇宙看似是人时，我们就会俯伏跪拜。

---

① 指的是纳尔逊与汉密尔顿夫人有染。
② Charles Stewart Parnell (1846—1891)，"爱尔兰的未冕国王"，爱尔兰自治党领袖。他的政治生涯于1890 年突然宣告终结，因为在奥谢上尉提出的离婚诉讼中，他作为共同的被告受到传讯。

第十二章　异教与洛斯·迪金森先生

对新异教（New Paganism 或 neo-Paganism），亦即斯温伯恩先生浮夸地、沃尔特·佩特巧妙地宣传的新异教，我们根本没有必要过于重视，就把它当作是为英语语言留下了无与伦比的练习好了。新异教不再是新东西，它与异教从未有任何相似之处。它向大众散布的有关古代文明的观念无疑是非同寻常的。在今天的小说和消遣文学中，"异教徒"这个词经常被用来指一个没有任何宗教信仰的人，而在过去，异教徒一般是一个有着一大堆信仰的人。根据新异教的观点，从前的异教徒都是一些不负责任的人，经常头插鲜花、四处跳舞。而实际上，如果说有两样东西是最杰出的异教文明所真诚信奉的，那就是相当刻板的庄严与过分刻板的责任感。今天我们在描述异教徒时，认为他们最主要的特征是醉酒与无法无天，而以前他们最主要的特征是理性与高尚。今天人们称赞他们不顺服，而以前他们唯一伟大的美德是做顺服的公民。今天人们羡慕、嫉妒他们不知羞耻的快乐，而以前他们唯一的大罪是绝望。

在这个问题以及类似问题上，洛斯·迪金森先生①是近代最富有成果、最引起争论的作家。他是个极其慎重的人，绝不至于犯下认为异教只是纯粹的混乱这种老错误。要想痛击希腊人以纯粹的欲望和自我主义为其理想的热情，我们不需要懂很多哲学，只需要懂一点希腊语就行。洛斯·迪金森先生精通哲学，也精通希腊语，倘若他有错误的话，他的错误不在于认为异教徒是赤裸裸的享乐主义者。但是我认为，他指出的

---

① Goldsworthy Lowes Dickinson（1862—1932），历史学家、文人，1896 年写作了《希腊的人生观》。

基督教与异教在道德理想问题上的区别（在刊登于《独立评论》上题为《你犹豫了多久?》一文中，他清楚地陈明了二者之间的区别），包含了一个更深层次的错误。在洛斯·迪金森先生看来，异教的理想实际上并非只是贪欲、自由、任性这种疯狂状态，而是追求人性的完美圆满。我认为这种观点从哲学和历史的角度看是彻底的错误。当我这样说时，我并不是在谈论我自己心目中理想的基督教，甚至不是在谈论未受后来事件玷污的原始的基督教。我不像众多的现代基督教理想主义者那样，将我的理由建立在基督所说的某些话之上；我也不像众多其他的现代基督教理想主义者那样，将我的理由建立在基督忘记说的某些话之上。我谈论的是历史的基督教，犯下各种各样错误的基督教。我谈论它正如我谈论激进主义、摩门教或任何其他利弊兼有，甚至令人不快的人类产物一样。我要说，基督徒的行为不能用禁欲主义来解释；我要说，基督教并非在禁欲问题上与异教分道扬镳；我要说，基督教与现代世界的区别不在禁欲主义；我要说，圣西门柱头修士①激励人的主要之处不是禁欲主义；我要说，我们不能把禁欲主义视为基督徒主要的推动力，甚至不能把它视为苦修者主要的推动力。

请让我将这一点陈述清楚。关于基督教与异教的关系，有一个清楚明白的事实，这个事实如此简明，以致很多人都会报之一笑，但又是如此重要，以致所有现代人都忘记了它。关于基督教与异教，首要的事实是：前者继另一者之后诞生。洛斯·迪金森先生把二者当作仿佛是并行的理想来谈论，甚至认为二者当中异教是后来者，更适合新的时代。他暗示，异教的理想将是人类终极的善。倘若如此，我们至少要好奇地问（这份好奇超出了他允许的范围）：人类既然已经在星空之下、在尘世之中确实找到了终极的善，为什么又将它抛弃？我建议大家尝试去解答

---

① 圣西门柱头修士（Saint Simeon Stylites，459 年去世）是一位苦行者，他生命的最后 30 年是在一个 72 英尺高的柱子顶端度过的。

的，正是这个大大的谜。

现代世界只有一样东西一直直接面对异教，也只有一样东西在此意义上对异教有所了解，那就是基督教。这个事实实际上是我所谈论的整个享乐主义的新异教的弱点。一切真正从欧洲古老的颂歌或舞蹈中继承下来的东西、一切从纪念福玻斯①或潘②的庆典活动中忠实地传递到我们手中的东西，都只有在基督教会的纪念活动中寻找得到。若有人想要追根溯源——这个根真正源于异教秘密的仪式，他最好在复活节时手持一串花彩，或在圣诞节时手持一串圆柱形气球。现代世界的一切都起源于基督教，那些看似最反对基督教的东西也不例外。法国革命起源于基督教；报纸起源于基督教；无政府主义者起源于基督教；自然科学起源于基督教；对基督教的攻击起源于基督教。现今有一样东西，也只有一样东西，可以从任何一种意义上准确地说起源于异教，那就是基督教。

异教与基督教真正的区别在异教美德（或曰自然德性）与基督教"三德"（罗马天主教称之为恩典美德）的区别中得到了完美的总结。异教美德（或曰理性的美德）包括正义、节制等，基督教接受了这些美德。基督教自己发明而非接受的三种神秘的美德是信、望、爱。对这三个词，如今我们可以轻易地从基督教的角度愚蠢地大谈特谈，但我们的讨论只想局限在有关它们的两个显而易见的事实。我说，第一个显而易见的事实（这与载歌载舞的异教徒这种错误的认识迥然有别）是：异教的美德，如正义、节制，是悲伤的美德；信、望、爱这三种神秘的美德却是快乐、兴高采烈的美德。第二个显而易见的事实（这个事实更加明显）是：异教的美德是合乎理性的；信、望、爱这三种基督教的美德本质上却是极不合乎理性的。

"不合乎理性"这个词很容易引起误解，这样来表述可能更清楚一

---

① 希腊神话中的太阳神和诗歌音乐之神。——译者注
② 希腊神话中的畜牧神。——译者注

些;这三种基督教的美德或者说神秘的美德,每一种在本质上都包含着悖论,而每一种典型的异教美德或理性主义的美德则没有。正义在于认识到某个东西应当归于某人,并且将这个东西给他;节制在于认识到某种嗜好恰当的界限,并且坚守这个界限。但是,爱意味着原谅不可原谅之事,否则它就根本不是美德;望意味着在事情毫无希望之时抱有盼望,否则它就根本不是美德;信意味着相信难以置信之事,否则它就根本不是美德。

注意到这三个悖论在现代人的时尚当中不同的命运,从某种程度上说确实很有趣。爱如今是一种时尚的美德,狄更斯巨大的火光将它照亮。望如今是一种时尚的美德,斯蒂文森猛然吹响的清越的喇叭声将我们的注意力吸引向它。信却不时尚,它是一个悖论,人们到处都习惯于以此来反对它。人人都以嘲讽的口吻重复关于信的那个著名、幼稚的定义:信是"相信的能力,我们知道一件事情不是真的,但仍然相信它"。然而,信丝毫不比爱和望吊诡。爱是原谅我们知道不可原谅之事的能力;望是在我们知道自己陷于绝望的处境中时仍然保持快乐的能力。诚然,有一种状态的盼望,它有着光明的前景,看到了黎明的来临,但那不是望的美德,望的美德只存在于地震和日食中。诚然,有一样东西可以粗略地称之为"爱"——对值得帮助的穷人的爱,但对值得帮助之人的爱根本不是爱,而是正义。那些不值得帮助之人才真正需要爱。爱这一理想要么根本不存在,要么就纯粹为这些人存在。从实际的角度考虑,正是在绝望之时,我们才需要满怀盼望之人。望这一美德要么根本不存在,要么在那一刻才开始存在。正是在那一刻,在盼望不再合乎理性之时,盼望才开始发挥作用。

古老的异教世界继续笔直地向前发展,一直发展到它发现这样发展是一个巨大的错误。异教世界非常有理性,那种理性是一种美丽高贵的理性,它在自己临终的剧痛中发现了这个永久、宝贵的真理,一个世世代代的遗产,那就是:仅有理性是不够的。异教时代确实是一个伊甸园的时代，或者说黄金时代。从这个根本意义上说，它是无法恢复的。从另外一个意义上说，它也是无法恢复的，那就是：虽然我们比异教徒快乐，认识也比他们正确得多，但是即便使出吃奶的力气，我们当中也没有一个人能够像异教徒那样明智。异教思想中的那种不加掩饰的纯真是基督教之后的任何人所无法恢复的。其原因是：基督教之后的每个人都知道，那种纯真会令人产生误解。我想举例说明一下异教思想中那种在今日已不可能的单纯，我首先想到的是以下这个例子：现代对基督教最伟大的颂词当属丁尼生的《尤利西斯》。诗人在读尤利西斯的故事时加入了自己的想象，认为尤利西斯有一种不息的渴望，渴望漫游世界。而真正的尤利西斯绝无漫游的渴望，他渴望回家，在与种种阻挡他回家的厄运抗争时，他表现出不屈不挠的英雄气概，仅此而已。对尤利西斯而言，不存在为冒险而爱冒险，为冒险而爱冒险是基督教的产物；对尤利西斯而言，不存在为珀涅罗珀①而爱珀涅罗珀，为某人自身的缘故而爱某人是基督教的产物。昔日异教世界中的一切给人的感觉都是纯净、一目了然的。好人就是好人，坏人就是坏人。是故，异教徒没有爱，因为爱是对灵魂的复杂性抱一种敬畏的不可知论。是故，他们没有虚构的艺术（即小说）这类东西，因为小说是"爱"这种神秘观念的产物。对异教徒而言，美丽的风景就是美丽的，不美丽的风景就是不美丽的。是故，他们没有浪漫的概念，因为浪漫在于因一个东西危险而认为它更令人愉悦，浪漫是一个基督教的概念。简言之，我们无法重构，甚至无法想象异教那个美丽而又令人惊奇的世界。在那个世界里，常识确实是平常的。

我谈三种美德想要表达的大致意思，希望现在大家都很清楚了。这三种美德都是悖论性的，都是很实用的；正因为实用，所以才是悖论性的。迫于终极的需要，对事物真实面目清楚的认识，促使人们树立了这

---

① 尤利西斯的妻子。——译者注

些美德，并为之献身。不管悖论的含义是什么，事实是，战场上唯一有用的盼望是那种拒绝相信算术——即拒绝相信人数决定胜利——的盼望。不管悖论的含义是什么，事实是，任何软弱的人唯一需要的爱，任何慷慨的人唯一感受到的爱，是赦免通奸这类罪的爱。不管信的含义是什么，它一定始终指的是一种对我们无法证明之物的确信。例如，我们因着信相信他人的存在。

但是，还有一种基督教的美德，这种美德自古就与基督教联系在一起，与基督教的联系要比以上三种美德明显得多，它更清楚地说明了悖论与实际需要之间的关联。这种美德作为一种历史的象征是毋庸置疑的，洛斯·迪金森先生肯定不会质疑它。它一直是千百万基督教拥护者的骄傲，也是千百万基督教反对者嘲笑的把柄。实质上，洛斯·迪金森先生对基督教与异教所作的全部区分都是以之为基础。我指的是谦卑这种美德。当然，我非常乐意承认，有很多东方错误的谦卑（即严格的禁欲主义的谦卑）与欧洲基督教的主流混合在一起。我们千万不要忘记，当我们说基督教时，我们指的是在整个一片大陆上传扬了一千年左右的基督教。与前三种美德相比，对这种美德，我要更加坚持以上提出的总主张。出于同样紧迫的原因，文明如它发现了信和爱那般，发现了基督教的谦卑，那就是：基督教文明只有两种选择——发现谦卑或者死亡。

我们可以用一个短语比较准确地表达异教这一伟大的心理发现，这个发现将异教转化为基督教。异教徒起初相当理智地寻求自己的享乐，到异教文明行将结束时，他发现，一个人不可能自己享乐，同时继续欣赏其他事物。有些人以为异教徒只是寻求肉体上的享乐，洛斯·迪金森先生用非常精辟、无须进一步阐明的语言指出了这些人荒谬的浅薄。无疑，异教徒不仅寻求知性上的享乐，还寻求道德上的享乐及灵性上的享乐。但是，他寻求的是自己的享乐，乍看起来，这是一件非常自然的事情。现在，他的心理发现是：虽然人们原以为，将自我扩大到无限，人就可以寻找到所能享受的最美满的快乐，但事实却是，只有将自我削减为零，人才能寻找到最美满的快乐。

　　谦卑是永远不断地更新地球与星辰之物。保持星辰不出差错，不犯下随意停止运行这种不可饶恕之错的是谦卑，而不是责任。正是由于谦卑，那些在我们看来最古老的天空才坚实、常新。史前就存在的咒诅使我们极有可能倾向于对奇迹感到厌倦。倘若我们第一次看见太阳，我们会认为它是最令人敬畏、最美丽的星体。既然我们已经是第一百次看到它，我们就用华兹华斯那丑陋而亵渎的短语，称它为"平凡日子中的光"。我们很可能会增加我们的要求，我们很可能要求有六个太阳，要求有一个蓝色的太阳，一个绿色的太阳。谦卑总是不断地将我们放回到太初的黑暗中。在那里，所有的光都是瞬时的、惊人的、闪电般的。不明白那个太初的黑暗，在其中那个我们既看不见任何东西也没有任何期望的黑暗，我们就不会由衷地、单纯地赞美事物赋予人们的那种美妙绝伦的感觉。像很多现代词汇一样，"悲观主义"和"乐观主义"这两个词也是毫无意义的。但是，如果它们能勉强用来表达某种含义，我们可以说，在以下这个伟大的事实中悲观主义正是乐观主义的基础：消灭自我的人创造宇宙。对谦卑的人，也唯有对谦卑的人，太阳才真正是太阳；对谦卑的人，也唯有对谦卑的人，大海才真正是大海。当他看到大街上所有那些面孔时，他不仅意识到那些人是活人，而且还突然高兴地意识到他们不是死人。

　　如上所说，文明发现了谦卑。我没有谈到这个发现的另外一个方面——谦卑是一种心理需要——因为这个方面自身就比较明显，且更常为人们所强调。但是，谦卑作为努力和自省的条件也是永远必要的，这一点同样很明显。沙文主义政治（Jingo politics）①的一个致命的错误即在于：认为一国藐视他国就会更强大。实际上，最强大的国家是那些像

---

①　Jingo politics：沙文主义或过度的民族主义。该词来自一首歌曲，1878 年在与俄罗斯的一场争端中，英国采取了好战的政策，这首歌曲深受这一政策支持者的欢迎。歌中唱道：

　　　　我们不想打仗，但老天作证！如果我们打仗
　　　　我们有船只，我们有人力，我们还有金钱。

普鲁士、日本那样的国家。它们一开始非常弱小，但是它们从不骄傲，总是乐意受教于外国，凡事向外国学习。自古以来，几乎每一场明显、直接的胜利都是剽窃者的胜利。这确实只是谦卑的一个微不足道的副产品，但它是谦卑的产品，因此是成功的。普鲁士骨子里没有基督教的谦卑，因此，它骨子里很糟糕，但它在卑躬屈膝地模仿法国方面却具有基督教的谦卑（甚至模仿到腓特烈大帝的诗歌）。正因为它能谦卑地去模仿，所以它最终获得了征服的荣耀。日本的情况就更加明显。日本唯一具有的基督教的特性及唯一美丽的特性是自己降卑，为的是将来可以被升高。谦卑的这一方面——与努力、与力争达到高于我们的标准之间的联系，我不再多谈，因为几乎所有理想主义的作家都充分指出了这点。

然而，在谦卑这个问题上，指出现代有关强人的观念与对强人的真实历史记录之间的不一致（这种不一致很有趣），也许是有价值的。卡莱尔反对这种说法：任何人在自己的仆人眼中都不可能是英雄。卡莱尔若只是想说或主要想说这句话贬低了英雄崇拜，我们就完全赞同他的观点。英雄崇拜无疑是人类一种慷慨的本能，英雄可能有错误，但这种崇拜几乎不可能有错误。也许任何人在自己的仆人眼中都非英雄，但是任何人都愿意做自己的英雄的仆人。实际上，无论是那句话本身，还是卡莱尔对它的责难，都忽视了争论中最本质的方面。关于心理的终极真理不是任何人在自己的仆人眼中都非英雄。关于心理的终极真理，亦即基督教的基础是：任何人在自己眼中都非英雄。在卡莱尔看来，克伦威尔是强人，而在克伦威尔自己看来，他是弱者。

卡莱尔为贵族统治的所有辩护，其缺陷实际上暴露在他最著名的一句话中。卡莱尔说，人多半是傻瓜。基督教以更加确信、更加虔诚的现实主义的态度说，人都是傻瓜。这个教义有时候被称作原罪的教义，它也可以被称为人人平等的教义。但其基本要点是，也只是：任何主要的、广泛的道德危险，只要它影响一个人，它就会影响所有人。任何人受到诱惑都可能成为罪犯，任何人受到激励都可能成为英雄。这个教义彻底粉碎了卡莱尔（或任何其他人）可怜的信念——存在"少数聪明人"。不存在"少数聪明人"。有史以来，每一个贵族统治集团，他们的所作所为本质上都与一小群暴民毫无异处。每一个寡头统治的政府都只是街头的一小撮人，也就是说，这个政府很有趣，但不是永无过失。世界历史上从未有过一个寡头统治的政府像波兰、威尼斯这两个非常骄傲的政府那样，在处理实际事务中表现得如此差劲。能极其突然、极其迅速地击溃自己对手的军队一向都是具有宗教信仰的军队，如穆斯林军队或清教徒军队。具有宗教信仰的军队，根据其本质，可以定义为这样一支军队：其中的每个人都被教导要降卑，不要抬举自己。很多现代的英国人都称自己是他们坚强的清教徒祖先的坚强的子孙，而实际上，他们见到一头奶牛就会抱头鼠窜。你若问他们的一位清教徒祖先，比如班扬，问他是否坚强，他会两眼噙着泪花，回答说他软弱如水。而正因为如此，他能忍受折磨。谦卑这种美德虽然很实用，足以助人在战役中取胜，但也始终具有悖论性，令学究们迷惑不解。在这方面，它与爱的美德是一致的。每个宽宏大量的人都承认，爱应该遮掩的那种罪是不可原谅的罪。每个宽宏大量的人也同样一致认为，彻底堕落的骄傲是有可骄傲之处的人的骄傲。从比例的角度来说，对品格无损的骄傲是以丝毫不反映个人功劳之物为荣的骄傲。因此，为自己的国家骄傲于一个人无损，为自己远古的祖先骄傲只会给他造成小小的损害。为赚了钱而骄傲会给他造成大一点的损害，因为他多了一点点骄傲的理由；为比金钱更高贵的东西——才智——而骄傲，会给他造成更大的损害；为自己拥有世界上最宝贵的东西——善——而骄傲，会给他造成最大的损害。为自己真正值得称赞之处而骄傲的人是法利赛人，是基督自己禁不住要抨击的人。

　　因此，我不赞成洛斯·迪金森先生以及异教理想的重申者。我指责他们无视人类在道德世界的明确发现，这些发现像血液循环的发现一样明确，虽然不及后者那样有形。我们不可能回归理性和明智的理想，因为人类发现理性并不能带来明智。我们不可能回归骄傲和享受的理想，因为人类发现骄傲并不能带来享受。我不知道人类思维中究竟发生了什么样离奇的意外事件，使得现代作家常常将进步与独立思考这两个观念联系在一起。进步显然是独立思考的对立面，因为在独立或个体的思考下，每个人都从起点出发，完全可能只会走得与先父一样远。如果真存在什么进步性质的东西，那首先一定意味着对整个过去的仔细研究和继承。我批评洛斯·迪金森先生及其学派，他们是唯一真正意义上的反动。他若喜欢，那就让他无视历史上这些伟大的神秘之物吧，无视信，无视爱，无视骑士气概。他若喜欢，那就让他无视犁或印刷机吧。但是，倘若我们真的恢复和追求异教所寻求的单纯而理性的自我完善这一理想，我们将在异教终结之处终结。我的意思不是说我们将以毁灭告终，我的意思是我们将以基督教告终。

第十三章　凯尔特人与亲凯尔特人

在现代世界科学有很多用途，然而其主要用途是提供长单词以掩盖富人的错误。"kleptomania"（盗窃癖）就是一个常见的例子。该词等同于这样一个奇怪的理论（在富人或名人受审时，这个理论总会得到发展），这个理论就是：较之穷人，曝光对富人而言更是一种惩罚。事实当然恰恰相反，较之富人，曝光对穷人而言更是一种惩罚。一个人越富有，越容易成为一名游民；一个人越富有，在食人岛①就越容易受欢迎，受到普遍尊重。但是，一个人越穷，就越有这种可能：无论何时他想有张床躺下过夜，他都必须利用他过去的人生经历。名誉对贵族而言只是一件奢侈品，对看门人而言则是一件必需品。名誉问题是件次要的事，但对于我提出的总论点，它是一个很好的例证。我的论点是：现代大量的聪明才智都被花费在为权贵阶层不可原谅的行为寻求辩护上。如上所说，这些辩护一般都最突出地体现在诉诸自然科学上。在科学或伪科学营救富人与愚昧人的所有方式当中，没有什么比种族理论这项奇异的发明更为奇异的了。

当英国这类的富国发现这样一个绝对显然的事实——它把爱尔兰这类的穷国政府弄得极其荒谬可笑——时，惊愕之中它停顿片刻，随后开始谈论起凯尔特人和条顿人②。按照我对这一种族理论的理解，爱尔兰人是凯尔特人，英国人是条顿人。事实当然是：爱尔兰人不是凯尔特人，

---

① 指南太平洋上的一些岛屿，如斐济，因岛上的土著曾杀死外人并煮食以泄愤，得此恶名。——译者注
② 古代日耳曼人的一支。——译者注

英国人不是条顿人。我没有花太多的精力去关注人种学讨论的进展，但我读到的科学新近的结论总体来说倾向于认为：英国人主要是凯尔特人，爱尔兰人主要是条顿人。然而，任何人只要他有一丝真正的科学意识，他做梦都不会想到要将"凯尔特人"和"条顿人"这两个词在任何肯定或实用的意义上用于爱尔兰人和英国人身上。

这种事情必须留给那些谈论盎格鲁—撒克逊种族，并将该词扩展至美洲的人去讨论。美洲盎格鲁人和撒克逊人（不论他们以前属何种族）的血液，有多少仍然保留在今天由英国人、罗马人、德国人、丹麦人、诺曼人、皮卡第人混合而成的人种中，这个问题只有狂热的文物研究者才感兴趣。那种稀释的血液，有多少可能仍然保留在美洲这个喧嚣的旋涡中（瑞典人、犹太人、德国人、爱尔兰人、意大利人像瀑布一样源源不断地汇入这个旋涡），这个问题只有疯子才感兴趣。英国统治阶级不应该求告科学，而应该求告其他神祇，那样会显得更聪明一些。其他所有神祇，无论多么好战，能力多么弱小，至少有一点可以自夸，那就是，他们是始终如一的。而科学以永远不停的变动自夸，以像水那样动荡不定自夸。

英国和英国统治阶级也只是在自己一时间似乎没有其他神祇可以求告时，才求告种族这位可笑的神祇。在过去，你若张口谈论盎格鲁—撒克逊人，历史上所有最纯正的英国人都会毫不掩饰地冲你打哈欠或是嘲笑你。你若试图以种族理想代替民族理想，他们会作何反响，我真的难以想象。我当然不愿意自己是纳尔逊手下的那名军官，在特拉法尔加战役的前夜突然发现自己具有法国血统。我不愿意自己是诺福克（Norfolk）或萨福克（Suffolk）的那位绅士，不得不向布莱克司令[①]解释，根据某某可证明的血统关系，他与荷兰人切实相连。其中的道理很简单：民族的存在与种族彻底无关。民族类似教会或秘密团体，是人的灵魂和

---

① Robert Blake (1599—1657)，舰队司令，在1652年爆发的荷兰战争中战绩显赫。

意志的产物，是一种精神产物。现代世界有一些人，他们什么都可以想，什么都可以做，就是不愿意承认有什么东西是精神产物。

然而，在面对现代世界时，国家就是一个纯粹的精神产物。有时候它在独立中诞生，如苏格兰；有时候它在依靠中、在隶属中诞生，如爱尔兰；有时候它由众多小分子融合成一个大分子，如意大利；有时候它是一个小分子，脱离了若干大分子的统治，如波兰。但在每一种情况下，其性质都是纯粹精神性的，你若愿意，也可以说是心理性的。这是五个人变成一个人的时刻，每个创立过俱乐部的人都明白这一点。这是五个地方变成一个地方的时刻，每个驱逐过侵略者的人都明白这一点。提摩太·希利①——现任下议院中最严肃认真的一位智者，将民族简单地定义为人民愿意为之献身的东西。这一定义对民族作了一个完美的概括。他精辟地回答休·塞西尔（Lord Hugh Cecil）说："没有人，哪怕是尊贵的阁下，愿意为格林威治子午线献身。"这是对民族的纯心理特质的伟大颂赞。有人问：为什么雅典或斯巴达以这种精神的方式融合了，格林威治却没有？这样问是毫无意义的，这就如同问：为什么男人与女人坠入情网，而不与男人坠入情网？

在这种伟大的精神融合中（这种融合不受外在条件的限制，不囿于种族或任何显然有形的东西），爱尔兰是最突出的例子。罗马征服了各国，但是爱尔兰征服了各种族。诺曼人去那里，成了爱尔兰人；苏格兰人去那里，成了爱尔兰人；西班牙人去那里，成了爱尔兰人；连克伦威尔的充满仇恨的士兵去那里，也成了爱尔兰人。从政治的角度来说，爱尔兰根本不存在，但是它一向都比所有从科学的角度来说存在的种族要强大。最纯正的日耳曼血统，最纯正的诺曼血统，最纯正的苏格兰满腔热血的爱国者的血统，都不及一个没有国旗的民族有吸引力。受压迫、

---

① Timothy Healy（1855—1931），爱尔兰政治家，提倡爱尔兰自治，1922—1928年为爱尔兰自治邦首任总督。

不被承认的爱尔兰轻易地同化了各种族，因为这类小玩意儿是很容易被同化的。爱尔兰轻易地废除了自然科学，因为这类迷信是很容易被废除的。软弱的民族一向比强大的种族要强大。五个获胜的种族被同化了，被一个战败的民族击败了。

这是爱尔兰真正的、奇特的荣耀。正因为这一点，听到当今爱尔兰的同情者屡屡试图谈论凯尔特人和凯尔特主义时，我们不可能沉得住气。凯尔特人是谁？我敢说没有人能够回答。爱尔兰人是谁？我敢说没有人会假装不知道，或对此问题漠不关心。当代伟大的爱尔兰天才 W.B.叶芝彻底放弃了从凯尔特种族的角度来为爱尔兰辩护，显现了他非凡的洞察力。然而，他没有完全逃脱（他的弟子们则几乎从未逃脱）人们对凯尔特论证通常的反对。这一论证倾向于将爱尔兰人或凯尔特人描绘成一个奇特、独立的种族，描绘成现代世界中由异乎寻常之人组成的一个部落，沉浸在朦胧的传奇和缥缈的梦想之中。这一论证倾向于将爱尔兰人描绘成怪异之人，因为他们看见了仙女；倾向于使爱尔兰人显得神秘、疯狂，因为他们唱古老的歌曲，跳奇怪的舞蹈。但这绝对是个错误，与事实恰恰相反。怪异的是英国人，因为他们没有看见仙女；神秘、疯狂的是肯辛顿（Kensington）的居民，因为他们不唱古老的歌曲，不跳奇怪的舞蹈。在所有这些方面，爱尔兰人一点都不奇怪，不独特，一点都不像大众通常所指意义上的凯尔特人。在所有这些方面，爱尔兰人只是一个普通、明智的民族，过着任何一个普通、明智的民族——一个没有被鸦片烟熏透，或被高利贷者盘剥，或被财富和科学败坏的民族——所过的生活。拥有传奇并不是凯尔特人的特征，拥有传奇只是人类的特征。德国人（我认为）是条顿人，拥有几百个传奇，只要他们是人，就拥有传奇。爱诗歌不是凯尔特人的特征，英国人在发明烟囱管帽①之前可能比任何一个民族都更爱诗歌。神秘、疯狂的不是爱尔兰，神

---

① 高顶丝绸帽。

秘、疯狂、不可思议的是曼彻斯特，曼彻斯特是人类当中的另类。爱尔兰没有必要玩种族学这种愚蠢的游戏；爱尔兰也没有必要假装是一个与众不同的梦想家部落。在梦想方面，爱尔兰不只是一个民族，它是一个模范民族。

第十四章 论某些现代作家及家庭这一机构

人们认为，家庭完全可以被视为人类的一个基本机构。人人都承认，迄今为止，家庭一直是几乎所有社会的主要细胞和核心单位（斯巴达①那类的社会除外，它们崇尚"效率"，结果却消亡了，没有留下一丝痕迹）。基督教虽然在人类社会引起了巨大变革，但没有改变家庭这一原始古老的神圣事物，只是将其颠倒了过来。基督教没有否定父亲、母亲、孩子这个三位一体，只是将三位的顺序颠倒了过来，即孩子、母亲、父亲。基督教不称之为家庭，而称之为神圣的家庭（the Holy Family），因为很多东西一经颠倒便成为神圣的了。可是，我们这个堕落时代的一些圣贤却对家庭进行了猛烈的抨击。我认为他们的抨击是错误的，而那些辩护者所作的辩护也是错误的。为家庭所作的常见辩护是：在生活的压力和变幻无常中，家庭是一个宁静、舒适、意见统一的地方。然而，还可能存在另外一种对家庭的辩护，这种辩护在我看来是显然的，那就是：家庭是一个不宁静、不舒适、意见不统一的地方。

当今时代已不盛行大谈小群体的优越性，人们教导我们要崇尚大帝国、大思想。然而，小国家、小城市、小村庄有一个优点，只有故意装瞎的人才会对其视而不见。那个优点就是：生活在小群体中的人实际生活在一个大得多的世界中，他对人的那种巨大的多样性、坚定的差异性的认识要深刻得多。原因很显然：在大群体中，我们可以选择同伴；在小群体中，同伴已经为我们选定了。因此，所有范围广阔、高度文明的社

---

① 斯巴达（Sparta）产生了很多征服者和军事统治者，但从未产生知识界和文化界领袖。

会都会产生一些团体，这些团体建立在所谓意气相投的基础之上，将真实世界拒之门外，而它们的大门比修道院的还要严实。其实没有什么真正狭隘的宗族，真正狭隘的是小集团。同一宗族的人生活在一起是因为他们都穿同样的格子呢服装，或起源于同一祖先。然而，在灵魂深处，由于天赐的巧合，他们的色彩总是比任何一种格子呢都要丰富。但是，小集团的人生活在一起是因为他们有着同样的灵魂，他们的狭隘是一种由精神的融合和满足而生的狭隘，类似地狱中存在的那种狭隘。大社会存在为的是产生小集团，大社会是一个提倡狭隘的社会。大社会是一部机器，其目的就是要防止孤独、敏感的个体经历到任何人类彼此之间的妥协，那种妥协既痛苦又令人振奋。大社会其字面最直接的含义就是一个杜绝基督教思想的社会。

我们从俱乐部这一事物在现代的转变就可以看到这个变化。在伦敦规模还比较小，其各个部分比较独立自足、地方性较强时，俱乐部就像它今天在乡村里的那样，与今天在大城市里的样子截然相反。那时，俱乐部被视为一个男人能够合群之处，而今，俱乐部却被视为一个男人不能够合群之处。我们的文明越扩大、越复杂，俱乐部就越不再是一个男人能够进行热闹辩论的地方，越来越变成一个男人能够得到（被极其形象地称为）一块无声的排骨的地方。俱乐部现在的目的是让男人感到舒适，使男人舒适就是使他不合群。像一切有益的事物一样，合群充满着各种不舒适、危险、放弃。今天的俱乐部倾向于产生一种最堕落的结合体——奢侈的隐修士，即那种将卢库卢斯①的自我放纵与圣西门柱头修士疯狂的孤独结合在一起的男人。

明天早晨，如果我们在自己所住的街道上被大雪围困，我们会突然步入一个比有生以来所认识的世界要大得多、荒凉得多的世界。典型的现代人想方设法要逃离他所住的街道。首先，他发明了现代保健学，去

---

① Lucullus（约公元前157—前110），一位古罗马将军，退休时因喜好奢侈而臭名昭著。

马盖特（Margate）①游泳度假；随后发明了现代文化，去佛罗伦萨；然后又发明了现代帝国主义，去廷巴克图。他去了地球上神奇的边缘地区，假装捕杀老虎，还差点儿骑了骆驼。他所做的这一切，从根本上说仍然是在逃离他出生的街道。对于这种逃离，他始终有自己现成的解释。他说他逃离自己所住的街道，是因为这个街道的生活沉闷。这是在撒谎。他逃离自己所住的街道，实则是因为这个街道的生活太刺激。刺激是因为它苛求，苛求是因为它是鲜活的。他能够游览威尼斯，因为对他而言，威尼斯人只是威尼斯人，而他自己街道上的百姓则是人。他可以盯着中国人看，因为对他而言，中国人只是一个让人盯着看的被动的物体；而如果他盯着隔壁花园中的老妇人看，老妇人就会变得主动起来。简言之，他被迫逃离那个过于刺激的社会。那个社会中的人与他同等，都是自由人、任性、有个性、故意与他不同。布里克顿（Brixton）②街道上的人太热情洋溢，不可抗拒，他必须到老虎、秃鹫、骆驼和鳄鱼当中去使自己平静、安静下来。这些生物确实与他有很大的差异，但它们无论在形状、颜色还是习性上，都不会成为他决定性的竞争对手，向他的才智提出挑战。它们不会企图破坏他的原则并坚持自己的原则，住在郊区街道上的那些更奇怪的人们（在他看来简直就是怪物）却企图这样做。骆驼不会因为罗宾逊先生没有驼峰，就扭曲五官冲他来一个十足的冷笑；住在5号的那位文雅的绅士却会因为罗宾逊先生家没有墙裙而冲他冷笑。秃鹫不会因为人不会飞而哈哈大笑，但是，住在9号的那位上校却会因一个男人不会抽烟而哈哈大笑。如果真要我们抱怨邻居，我们的借口通常是：他们不愿意管自己的事。我们真正的意思并非如此。倘若他们真的不愿意管自己的事，他们就会突然被勒令交房租，很快就不再是我们的邻居。我们真正的意思要比这深刻得多。我们不喜欢他

---

① 为健康而去游泳。马盖特是一个著名的海滨度假胜地，位于泰晤士河河口，伦敦以东偏南约75英里。
② 兰贝斯自治市（Lambeth）的一部分，位于泰晤士河以南。

们，并非因为他们是如此的没有生机活力，以致无法对自己产生兴趣。我们不喜欢他们，乃是因为他们是如此的充满生机活力，以致可能对我们也产生了兴趣。简单地说，我们害怕邻居的原因，不是他们视野的狭窄，而是他们有一个极大的倾向——要开阔视野。对正常人类的一切反感都具有这种普遍特征。我们反感的不是人类的软弱无力（那只是假象），而是人类的生机活力。厌恶人类者假装自己鄙视的是人类的软弱，而实际上他们根恶的是人类的力量。

当然，只要人们不假装自己优越，他们在普通人难以忍受的活力和多样性面前的这种退缩，都是非常合情合理、可以原谅的。但是，一旦他称自己为贵族主义、唯美主义，或称自己比资产阶级更高级，我们就可以理直气壮地指出其内在的弱点。在众罪当中，易厌恶是最可以原谅的；但是，在众德当中，易厌恶是最不可原谅的。尼采最突出地代表了易厌恶者自负狂妄的要求，他在作品中描述了那种厌恶和鄙视（从纯文学的角度说，他的描述非常有力），正是那种厌恶和鄙视使他在长着普通面孔和大脑、有着普通嗓音的普通人面前眼睁睁地毁灭了。如上所说，如果我们能将这种态度视为可怜，它几乎就是美丽的。弱者应当受到的一切尊敬，尼采的贵族主义都得到了。当他让我们感觉到他不能忍受无数的面孔、不绝于耳的声音、到处都人山人海时，任何一个曾有过晕船经历或在拥挤的汽车上身心疲惫的人都会同情他。每个人在他没有完全成为人之前都恨过人类，人类在每个人的眼中都像一片遮蔽的云雾，在每个人的鼻中都像一股令人窒息的气味。但是，当尼采以他那贫乏得不可思议的幽默和想象力，要求我们相信他的贵族主义是肌肉健壮的贵族主义或强力意志的贵族主义时，我们就有必要指出真相——那是一种神经衰弱的贵族主义。

我们自己结交朋友，我们自己结下怨仇，但是，上帝创造了我们的邻人。因此，邻人来到我们身边，带着他性格中一切天生的东西，这些东西令我们害怕。他像星星那样陌生，像雨水那样满不在乎。他是人，是一切动物中最令人害怕的动物。古老的宗教和古老的经文在谈到人的责任时，谈的不是一个人对人类的责任，而是一个人对自己邻人的责任。这些宗教和经文之所以显示出如此敏锐的智慧，原因即在此。对人类的责任采取的往往可能是某种选择的形式，这种选择是个人的，甚至是令人愉快的。那种责任可能是一种爱好，甚至可能是一种消遣。我们在伦敦东区工作可能是因为我们特别适合在东区工作，或是因为我们认为自己适合在那里工作。我们为世界和平事业而战可能是因为我们非常喜欢打仗。最可怕的殉道、最令人厌恶的经历可能是选择的结果，或是某一种爱好的结果。我们可能生来就特别喜欢精神病人，或对麻风病人特别感兴趣。我们爱黑人可能是因为他们的皮肤是黑色的，爱德国社会党人可能是因为他们墨守成规。但是，我们爱邻人必须是因为他就在那里，这个原因要令人惊恐得多，要求我们对待他的态度也必须认真得多。他是人类的一个样品，是上帝实实在在地给予我们的。正因为他可能是任何人，所以他代表每一个人；正因为他是个偶然，所以他成为了一种象征。

　　毫无疑问，人们逃离小的环境，进入的是极其致命的地带。这是很自然的，因为他们逃离的不是死亡，而是生命。这一原理也适用于人类社会体系中的层层圈子。人们寻找某种特别类型的人为友是很合情合理的，只要他们是在寻求那种类型的人，而不是仅仅为了寻找不同类型的人。一位英国外交官寻求与日本将军为友是完全可以的，只要他想结交的是日本将军。但是，如果他想要的只是与自己不同的人，他最好待在家里，与家中的女仆谈谈宗教。一位乡下天才来闯荡、征服伦敦是很合情合理的，只要他想要的是征服伦敦。但是，如果他想征服的是某个根本地、象征性地与己敌对且十分强大的东西，他最好是留在乡下，与教区的首席神甫吵上一架。一个住在郊区街道上的人为了拉姆斯盖特（Ramsgate）①而去拉姆斯盖特，这是完全可以的（尽管这件事情难以

---

① 多佛海峡上的一个度假胜地，位于马盖特以南4英里。

想象)。但是，如果用他自己的话来说，他去拉姆斯盖特只是"为了生活中有点变化"，依我看，他还不如翻墙跳到邻居花园里，因为这个变化要更浪漫，甚至更富戏剧性。其结果会令人心旷神怡，在某种意义上说，它远远超过了去拉姆斯盖特度假可能给他的健康带来的种种益处。

正如这一原理适用于帝国、帝国中的国家、国家中的城市、城市中的街道，它也同样适用于街道中的家庭。家庭这个机构应该受到称赞，其原因与国家这个机构或城市这个机构应该受到称赞一样。一个人生活在家庭中是件好事，其原因与一个人被围困在城市中是件好事一样。一个人生活在家庭中是件好事，正如一个人被大雪围困在大街上是件美丽开心的事情一样。它们都促使他意识到生活不是外来的东西，而是内在的东西。最重要的是，它们都强调了一个事实，那就是：真正刺激、令人神往的生活是一个不管我们是否存在，它自身都必然存在的东西。现代那些或多或少公开表明家庭是个不好机构的作家，一般都停留在用非常尖刻、怨恨或伤感的方式表明家庭也许不是始终合意之上。家庭是一个好的机构当然是因为它不合意。家庭于人有益正是因为它包含着许多分歧和差异。正如感伤主义者所说，家庭就像一个小王国，像大多数其他的小王国一样，通常处于一种类似无政府主义的状态。正因为哥哥乔治对我们在宗教问题上所持的异议不感兴趣，只对特罗卡德罗 (Trocadero) 餐馆感兴趣，家庭才具有联邦的某些令人振奋的性质。正因为亨利叔叔不赞成妹妹撒拉想当演员的志向，家庭才像人类。反对家庭的人，无论出于何种原因，都只是在反对人类。伊丽莎白姑姑不讲道理，就像人类一样；爸爸好激动，就像人类一样；最小的弟弟爱玩恶作剧，就像人类一样；爷爷糊涂，就像这个世界一样；他年纪大了，就像这个世界一样。

那些希望跳出这一切的人，不论对与错，绝对都是希望踏入一个狭隘的世界。他们对家庭的规模和差异性感到惊慌和恐惧。撒拉希望发现一个完全由个人的戏剧演出组成的世界；乔治希望将特罗卡德罗餐馆看作宇宙。我绝对不会说，对个人而言，遁入这种狭隘的生活可能不对，正如我不会这样说遁入修道院一样。但我确实要说，任何倾向于使那些人产生以下奇怪的错误认识的东西都是不好的，矫揉造作的。那个错误认识就是：认为他们踏入的是一个比自己的世界确实要大、要丰富多彩的世界。一个人要想检验自己是否乐意遇到普通的人类，最好的办法就是顺着烟囱随意爬入一户人家，尽可能与那家人友好相处。这基本上就是我们每个人出生那天所做的事。

这正是家庭独特的、令人起敬的浪漫之处。它浪漫是因为它是一件碰运气的事；它浪漫是因为它是反对者所宣称它的一切；它浪漫是因为它是随意决定的；它浪漫是因为它就在那里。只要团体是理性地选择组成的，它们就难免有某种特殊的或派别的意味。只有当团体是非理性地选择组成时，你面对的才是人，冒险的因素才开始存在，因为冒险就本质而言，就是发生在我们身上的事情，是它选择了我们，而不是我们选择了它。坠入情网常常被认为是最美妙的冒险以及最美妙的浪漫机遇。就其含有某种外在于我们的东西——某种欢快的命中注定的东西——而言，这样认为是非常正确的。爱情确实摄住了我们，改变了我们，折磨着我们，以类似音乐那样难以承受的美丽使我们心碎。但是，只要我们认定自己会坠入情网，只要我们在某种意义上随时准备坠入情网，在某种意义上随时准备跃入情网，只要我们在某种程度上选择，在某种程度上判断，坠入情网就根本不是真正的浪漫、真正的冒险。在这个意义上，最美妙的冒险不是坠入情网，而是出生。出生之时，我们确实突然踏入了一个美妙的、令人惊诧的罗网，我们确实看见了某个以前做梦也不曾梦到的东西。我们的父母确实像丛林中的土匪那样，埋伏在那里，朝我们扑过来。叔叔令我们惊讶，姑姑（用我们常用的那个美妙的词语来说）对我们而言是晴天霹雳。当我们通过降生迈入一个家庭时，我们确实迈入了一个不可预测的世界，一个有着自己奇怪法则的世界，一个没有我们照样运转的世界，一个不是我们创造的世界。换句话说，迈入家庭时，我们迈入了一个童话。

这种奇异故事的色彩在我们一生当中应该始终与家庭、与我们和家庭的关系联系在一起。浪漫是生活中最深奥的东西，甚至比现实还深奥，因为，即便有人能够证明现实会产生误导，却没有人能够证明现实平淡、无足轻重。事实即便错误，也仍旧是十分奇特的。生活的这种奇特性，事物最终表现出的这种出乎意料甚至反常的因素，永远是有趣的。我们能够控制的境遇可能会在我们的手下驯服或往悲观的方向发展，但是，对像米考伯（Micawber）先生①这类的人来说，"我们无法控制的境遇"始终就如神祇一般，他们会向其祷告，借此恢复自己的力量。人们时常纳闷，为什么在所有的文学形式中小说最受欢迎，为什么阅读小说的人数超过了阅读科学或形而上学书籍的人数。原因很简单，因为小说比科学和形而上学书籍更真实。生活有时候可能会以科学书籍的面目出现，有时候又可能会以形而上学书籍的面目出现，这都无可厚非，但生活永远是一部小说。我们的存在也许不再是一首歌，甚至不再是一首美丽的哀歌；我们的存在也许不是一个我们可以参透的正确，甚至不是一个我们能够认识的错误；但我们的存在仍然是一个故事。在每个落日火红的字母表中，赫然写着两个大字："待续"。如果我们有足够的聪明才智，我们可以结束一个缜密的哲学推理，相信自己最终的结论是正确的。凭借充分的思维能力，我们可以完成任何一个科学发现，相信我们最终的结论是正确的。但是，纵使有绝顶的聪明才智，我们也不可能结束一个最简单或最愚蠢的故事，相信我们的结尾是正确的。这是因为一个故事背后不仅蕴涵着才智（才智在一定程度上是机械的），还蕴涵着意志（意志本质上是神圣的）。作者如果愿意，可以通过神圣的突发奇想在故事的倒数第二章安排主角上断头台。作者如果愿意，他也可以

---

① 狄更斯的小说《大卫·科波菲尔》中一个没有远见但很可爱的人物，最终做了一个殖民地的执法官。

通过同样的突发奇想让自己走上断头台，然后走向地狱。同一个文明——崇尚骑士精神的欧洲文明，在13世纪宣称意志自由，在18世纪产生出"小说"。当托马斯·阿奎那宣称人类精神自由时，他创作出了流动图书馆中所有低劣的小说。

然而，生活要想在我们眼里成为一个故事或一个浪漫传奇，它的很大一部分就必须未经我们许可就已经设定。我们若希望生活成为一个体系，这种设定也许是件令人讨厌的事情；但是，我们若希望生活成为一出戏剧，这种设定就必不可少。戏剧可能往往是他人所写，毫无疑问，这一点我们不太喜欢，但是，如果这个作者每隔一小时就从幕后跑上前台，强令我们构思下一幕，我们就更不喜欢了。一个人一生当中可以控制很多事情，他控制的事情多到他足以成为小说的主角。但是，如果他什么都可以控制，那就只剩下主角，没有小说了。富人的生活之所以本质上非常平淡无奇，原因即在于他们能够选择经历。他们感到沉闷乏味是因为他们无所不能；他们感受不到冒险是因为他们能够创造冒险。使生活保持浪漫、充满活生生的可能性的，正是这些平凡而伟大的限制的存在，这些限制迫使我们所有人去面对我们不喜欢或没有预料到的事情。高傲的现代人说自己生活在不合意的环境中，这是无益的。生活在浪漫之中就是生活在不合意的环境中，诞生在这个世界就是诞生在不合意的环境中，因而也就诞生在浪漫之中。在塑造和创造着生活这首诗歌及其斑斓色彩的这些所有伟大的限制和框架中，家庭是最明确、最重要的限制和框架。因此，那些以为浪漫只有在他们所谓彻底自由的状态下才会完美存在的现代人，会对家庭产生误解。他们认为，一个人若打个手势太阳就从天空坠落，这是一件惊人的浪漫之事。但是，太阳惊人、浪漫的地方在于它不会从天空坠落。他们千方百计地寻求一个没有限制的世界，即一个没有轮廓的世界，一个没有形状的世界，没有什么比这种无限性更低劣的了。他们说自己希望像宇宙那样强大，但他们实际希望的是整个宇宙像他们那样弱小。

第十五章 论聪明的小说家及聪明阶层

至少从某种意义上说，读坏文学比读好文学更有价值。好文学可以让我们了解一个人的思想，坏文学则可以让我们了解许多人的思想。一部好小说让我们如实地了解它的主角，一部坏小说则让我们如实地了解它的作者。不仅如此，坏小说还让我们如实地了解它的读者；而且奇怪的是，小说创作的动机越玩世不恭、越不道德，它就越让我们对其读者有如实的了解。一本书作为书籍越不诚实，那它作为公开的纪实小说就越诚实。一部诚实的小说展现了一个具体的人的单纯，一部不诚实的小说展现了人类的单纯。我们可以在圣典、古书卷、法令全书中发现人类迂腐的决定和有界限的再调整，但是，我们只能在廉价的惊险小说和更加廉价的柔情小说中，发现人类基本的设想和无穷无尽的活力。因此，一个人（像当代现实文化中的很多人那样）从好文学中唯一能够学到的可能就是欣赏好文学的能力。但是，从坏文学中他可能学会如何治理帝国，察看人类的全貌。

对于差文学实际上更好、好文学实际上更差这种状况，我们可以举一个很有趣的例子。这种文学我们可以大概称之为贵族文学，如果你愿意，也可以称之为势利文学。现在若有人希望找一个真正有力的、易懂的、永久的、表述得清楚真实的贵族的例子，那就请他不要读现代保守主义哲学家的著作，甚至不要读尼采，而去读《伦敦市区中篇小说》（*Bow Bells Novelettes*[①]）。对尼采，我公开地承认我持更加怀疑的态度。

---

① 在1879—1897年间出版的一份刊物。

尼采和《伦敦市区中篇小说》显然具有共同的基本特征，他们都崇拜那种留着卷胡须、身材高大、力大无比的强人，他们都以一种有点女性的、歇斯底里的方式崇拜他。然而即便在这一点上，《伦敦市区中篇小说》也轻而易举地保持了它在哲学上的优势，因为它确实将通常属于强者的德性归于了强者。这些德性包括闲散①、和蔼、相当草率的乐善好施、对伤害弱者的行为深深的恨恶等。尼采则将对弱小的鄙视归于了强者，而那种弱小只在伤残病者当中才会存在。然而，我现在要谈的不是尼采这位伟大的德国哲学家次要的优点，而是《伦敦市区中篇小说》首要的优点。在我看来，流行的感伤小说中所描绘的贵族形象作为政治和哲学上一个永久的指南是很合适的。它在一些细节上可能不甚准确，例如对准男爵的称谓或准男爵能够轻松跃过的山间峡谷的宽度的描述。但是，它对贵族阶级在现实生活中总体的思想和目的的描述是比较准确的。贵族阶级基本的梦想是高贵和勇敢。如果说《家庭先驱副刊》②有时候扭曲或夸大了这些方面，但它至少没有削弱这些方面。它不曾将准男爵的头衔轻描淡写，也不曾将准男爵能够跃过的山间峡谷的宽度说窄，在这些方面它从来没有出现过错误。但是如今，在过去这种理性、可靠的势利文学的基础上，发展出了另外一种势利文学，这种文学的抱负要大得多，而在我看来，它配受的尊重也会更少。顺便说一句（如果这一点很重要的话），作为文学，它好得多。但是，作为哲学，它差得无法计量；作为伦理学和政治学，它亦差得无法计量；作为对贵族阶级和人类的真实状况极其重要的艺术再现，它仍然差得无法计量。从我现在想要讨论的这些书中，我们可以发现一个聪明的人利用贵族这个概念可以干些什么；但是，从《家庭先驱副刊》这类文学中，我们可以得知贵族概念对于一个不聪明的人可以干些什么。了解了这一点，我们也就了解了

---

① 闲散（Laziness）被古希腊哲学家视为一种美德。——译者注
② 《家庭先驱周刊》创刊于1842年，"为成千上万人提供了有用的信息和娱乐"，《家庭先驱副刊》创办于1877年。

英国历史。

这种新式的贵族小说一定吸引了每一位曾阅读过去十五年中最好小说的读者的注意力。这是"聪明阶层"真正的文学或所谓的文学，它将这个阶层描绘为高贵，他们不仅衣着漂亮，而且言辞巧妙风趣。在坏准男爵、好准男爵、我们认为应该是坏的实则是好的而且浪漫并被人误解的准男爵之上，这个流派又添加了一个我们以前无法想象的概念，那就是逗人发笑的准男爵。他不仅比凡人更高大、更健壮、更英俊，而且更风趣，他是擅长说短警句的高个子。很多现代当之无愧的杰出的小说家都应该为赞成这种最有害的势利——才智上的势利——负一定的责任。写作《渡渡鸟》(Dodo)①的那位天才作家在某种程度上可以说应该为创造了这种时尚负责。在《绿色康乃馨》(The Green Carnation)②中，希琴斯先生重申了这种奇怪的观点，即年轻的贵族言谈风趣。当然，他这样说是有某个我们不甚清楚的传记为基础的，因而也就有了借口。克雷吉夫人③在这一点上要负相当大的责任，尽管，或者更确切地说是因为，她将贵族的特征与某种道德，甚至宗教上的诚实结合在一起。即便在小说中，当你拯救一个人的灵魂时，提及他是位绅士都是不适当的。在这一点上，安东尼·霍普（Anthony Hope）先生，这位极富才干、证明自己拥有人类最高的本能——浪漫本能——的人也不能完全被免除罪责。在《曾达的囚徒》(The Prisoner of Zenda)这样一个情节飞速发展、不可能真实的传奇剧中，帝王血统构成了一条奇妙的线索，或者说构成了一个主题。但是，帝王血统不是一个可以当真的东西。例如，霍普先生对那个名叫布伦特的特里斯丹（Tristram of Blent）的人，那个在整个火热的青少年时代只一心惦记着那宗老房产的人，进行了大量同情、认真的

---

① E. F. 本森（E. F. Benson）的小说，发表于 1893 年。
② 写于 1894 年，罗伯特·希琴斯（Robert Hichens, 1864—1950）在这部小说中嘲讽了唯美主义运动。
③ 珀尔·玛丽·特雷莎·克雷吉（Pearl Mary Teresa Craigie），出生于美国，以笔名约翰·奥利弗·霍布斯发表了一些诙谐风趣、充满警句的小说。

研究，当他这样研究时，我们甚至隐约感觉到霍普先生自己对寡头政治观念的过分关注。在其他年轻人都梦想拥有星星的时刻，一个年轻人整个的目标就是拥有布伦特的房产，任何一个普通人都很难对这样的年轻人抱有如此大的兴趣。

尽管如此，霍普先生仍然是一个非常适中的例子，他的作品中不仅具有浪漫因素，还具有一种细微的讥讽因素，这个因素提醒我们对贵族这一切的高雅不要过于当真。最重要的是，他作品中的贵族都不具备那种令人难以置信的即席巧辩的能力，在这方面他显示出了自己的明智。那种坚持认为富裕阶级机智风趣的习惯是所有奴性当中最卑贱的。柔情小说将贵族描绘成像阿波罗神那样微笑，或勇敢地驾驭一头疯狂的大象，如上所说，比起它们那种势利，这种习惯不知要可鄙多少倍。像阿波罗神那样微笑、驾驭疯狂的大象，也许是对贵族的英俊长相和勇敢的夸张，但是，英俊长相和勇敢是贵族甚至是愚蠢的贵族无意识的理想。

柔情小说刻画贵族时也许不需要对真实生活中贵族的日常习惯予以特别仔细或小心翼翼的注意，但是柔情小说中的贵族比真实的贵族更重要，因为他实质上是一个理想。小说中的绅士也许并没有模仿真实生活中的绅士，但是真实生活中的绅士正在模仿小说中的绅士。真实生活中的绅士也许不是特别英俊，但他对英俊的向往胜过其他一切；他也许从未驾驭过疯狂的大象，但他骑着一匹矮马尽可能远跑，其神情仿佛自己驾驭着一头大象。总的来说，上等阶层不仅格外地渴望拥有英俊长相、勇敢等特征，而且至少在某种程度上格外地拥有这些特征。因此，通俗文学将所有的侯爵都描绘成身长七英尺，这实际上并没什么卑贱或谄媚之处。这是势利，但不是奴性。它的夸张建立在一种真心的、过分的钦佩之上，而这种真心的钦佩建立在至少从某种程度上说真实存在的事物之上。英国的下等阶层一点也不害怕英国的上等阶层，不可能有人害怕，他们只是自由地、充满柔情地崇拜上等阶层。贵族的力量根本不在贵族本身，而在贫民区；不在上议院，不在文职部门，不在政府部门，甚至不在大量地、不相称地独占英国土地上。贵族的力量在于一种精神，在于这样一个事实，即当一名无一技之长的工人想要夸奖一个人时，他脱口就说那个人的行为举止像一位绅士。从民主的角度看，他不妨说那个人的行为举止像一位子爵。与很多寡头统治的政府不同，现代英联邦寡头政治的特征不是建立在富人对穷人的残酷之上，甚至不是建立在富人对穷人的仁慈之上，而是建立在穷人对富人持久不断、无穷无尽的仁慈之上。

这样说来，坏文学的势利不是奴性的，好文学的势利却是。在旧式的、廉价的浪漫文学中，公爵夫人被描写成浑身珠光宝气，这种文学不是奴性的；在新式的浪漫文学中，公爵夫人被描写成动辄妙语连珠，这种文学是奴性的。因为，在这样将一种异乎常人的才智与说话或辩论能力归于上等阶层时，我们实际上在把某种并非他们特有的德性，甚至并非他们特有的目的归于了他们。用迪斯累里（Benjamin Disraeli）的话来说（迪斯累里是位天才，但不是绅士，也许应该为开创恭维贵族之风负主要的责任），我们正在行使恭维基本的职能，即恭维人们具备他们实际并不具备的品质。只要我们所赞扬之物明显存在，这种赞扬也许过度，也许愚蠢，但完全可以没有任何恭维的成分。一个人可以说一只长颈鹿的脑袋撞上了星星，或是一头鲸鱼的身躯占满了整个大洋，但他仍然只是对自己喜爱的一只动物倍感兴奋而已。但是，一旦他开始称赞那只长颈鹿漂亮的羽毛、那头鲸鱼腿姿的优美，我们就发现自己遇到了我们称为恭维的那个交际成分。伦敦的中、下等阶层可以真心地（虽然也许不一定）钦佩英国贵族的健康和优雅，理由很简单，因为总体而言，贵族要比穷人健康、优雅。但是，他们不可能真心地钦佩贵族的风趣，理由也很简单，因为贵族不比穷人更风趣，在这方面反而比穷人逊色很多。与聪明的小说中描绘的相反，在外交家的晚宴上，一个人并不能听到连珠的妙语如宝石般叮玲落下。他真正能听到这些妙语之处，是在霍尔本（Holborn）一个街区公共汽车上的两名售票员之间。克雷吉夫人和福勒小姐①的小说中充满了风趣的贵族的即席演说，而实际上，她们书中的贵族只要不幸与一位擦皮鞋的工人发生纠葛，在谈话艺术上立刻会被驳斥得体无完肤。如果穷人称赞绅士乐于助人，乐善好施，那只是在感情用事，这种感情用事完全是可以原谅的。但是，如果称赞绅士妙语连珠，他们就是十足的奴隶和谄媚者，因为他们自己的口才比绅士要好得多。

我认为，这些小说中寡头政治的观念还有一个更微妙的方面，这个方面更难理解，也更值得我们去理解。现代绅士，尤其是现代英国绅士，在这些书籍中，并且通过这些书籍在我们当代整个的文学和思维模式中已经占有了如此核心重要的地位，以至于他的某些特性不论是原始的还是新近的，根本的还是偶然的，都已经改变了英国喜剧的性质。那种斯多葛主义的理想被荒谬地认为是英国人的理想，尤其使我们变得僵硬，感到彻骨的寒冷。那种理想其实不是英国人的理想，但在某种程度上是贵族的理想，或者说，只是贵族阶层在日薄西山时的理想。绅士之所以是个斯多葛派，乃是因为他是一种野人，因为他心中充满着一个巨大的原始恐惧，害怕陌生人对他说话。因此，火车上的三等车厢是一个集居的群体，一等车厢则是难以接近的隐士们聚集的地方。这个问题很棘手，请允许我用一种更加迂回的方式来解释它。

"无效果"这个反复出现的要素贯穿于过去八到十年间很多充满风趣警句的时髦小说当中，贯穿于类似《渡渡鸟》、《关于伊萨贝尔·卡纳比》(*Concerning Isabel Carnaby*)②甚至《情感与道德》(*Some Emotions and a Moral*)③这些风格迥异但都着实精巧的小说中。这个要素表达的方式可能有多种，但我认为，在大多数人看来，它最终的结果相同。这种新式

---

① Ellen Thorneycroft Fowler (1860—1929)，费尔金 (Felkin) 夫人，在 1898 年至 1904 年间写了一些成功的小说。
② 爱伦·福勒的小说，发表于 1898 年。
③ 克雷吉夫人的第一部小说，发表于 1891 年。

的轻薄之语是不起作用的,因为它里面没有一种强烈的、无以言表的喜乐感。那些唇枪舌剑、你来我往的男男女女也许不仅恨恶彼此,甚至恨恶自己。他们当中任何一个人都有可能那天破产了,或次日就要被执行死刑。他们戏谑,不是因为快乐,而是因为不快乐,他们的话语发自内心的空虚。即便说纯粹的废话,那也是经过字斟句酌的废话——要简练,或者用吉尔伯特(W. S. Gilbert)先生《忍耐》(*Patience*)中那个精辟的表达来说,就是如此"宝贵的废话"。即便在飘飘欲仙时,他们也不能轻松愉快。大凡读过现代人的理性主义这方面著作的人都知道,现代人的理性是可悲的,甚至他们的非理性也是可悲的。

  造成这种无能的原因也不难指出。当然,最主要的原因是那种对多愁善感的可悲恐惧,这是现代人所有的恐惧当中最低劣的一种恐惧,甚至比产生出保健学的那种恐惧还要低劣。粗犷直爽、令人捧腹大笑的幽默处处都来自那些不仅具有多愁善感的能力,而且其多愁善感也显得很愚蠢的男人。没有什么幽默比多愁善感的斯梯尔(Sir Richard Steele)、多愁善感的斯特恩(Laurence Sterne)或多愁善感的狄更斯的幽默更粗犷直率、更令人发笑的了。这些人像女人那样哭泣,也像男人那样大笑。诚然,米考伯的幽默是好文学,小奈尔(Nell)的哀婉动人是坏文学。但是,有勇气在一种情形下写得如此拙劣的人,也是有勇气在另一种情形下写得如此精湛的人。同样的无意识、同样极度的无知、同样大规模的行动,既给喜剧的拿破仑带来了耶拿(Jena)①之胜,也给他带来了莫斯科之败。在此,现代才子们软弱无力、索然无味的局限性格外地凸显出来。他们拼命地努力,作出了英勇的、几乎是令人动容的努力,但无法真正写得拙劣。有时候我们几乎以为他们达到拙劣的效果了,可是一将他们小小的失败与拜伦或莎士比亚极度的愚蠢相比,我们的希望就化为了泡影。

---

① 1806 年,拿破仑在耶拿的一场战役中对普鲁士军队大获全胜。

要想让人发自内心地大笑，作品必须触及人的内心。我不知道为什么我们一说触及内心，人们总是只联想到怜悯或忧伤。触及内心可以让人感受到乐趣、幸福和胜利。可是，我们今天所有的喜剧演员都是悲伤的喜剧演员，近年来时髦的那些作家骨子里是如此的悲观，以至于似乎从来无法想象人的内心可以与欢笑相关联。一说起内心，他们指的始终就是情感生活的剧痛和失望。当他们说一个人的心适得其所时，显然，他们指的是那个人的心在他的靴子里。我们的伦理社团知道友谊，但他们不知道何谓好的友谊。同样，我们的才子们知道谈话，但不知道约翰逊博士①所说的好的谈话。我们若希望像约翰逊博士那样有好的谈话，就尤其需要做约翰逊博士那样的好人——有友谊、有道义、有深深的柔情。最重要的是，我们需要公开表明自己是人，是粗鄙的人，坦率地承认亚当一切原始的遗憾和恐惧。约翰逊博士是一个幽默、明白事理的人，因此，他不忌讳严肃地谈论宗教；约翰逊博士是一个勇敢的人，是有史以来最勇敢的人之一，因此，他不忌讳向任何人坦率地承认自己对死亡的满心恐惧。

　　抑制个人的情感是英国人的特征，这种观点和其他一些观点一样，是英国人以前闻所未闻的，英国人只是在英国开始专门由苏格兰人、美国人、犹太人统治之后才听说到它。最理想的解释是，这种观点是威灵顿公爵②所作的一个概括，他是爱尔兰人。最不理想的解释是，它是愚蠢的日耳曼民族优越论的一部分，这种理论既不了解英国，也不了解人类学，但总在不停地谈论斯堪的纳维亚人（Vikings）。实际上，斯堪的纳维亚人一点也不抑制个人的情感，他们像婴儿一样大哭，像小女孩一样相

---

① Dr. Samuel Johnson（1709—1784），英国诗人、评论家、散文家、传记作家、词典编纂家。——译者注
② Duke of Wellington（1769—1852），英军统帅，在滑铁卢战役中击败拿破仑，后任英国首相。——译者注

互亲吻。简言之,在情感方面,他们的表现像阿喀琉斯①和众神的儿女——所有力大无比的英雄一样。虽然英国民族与斯堪的纳维亚人之间的联系也许不及法国民族或爱尔兰民族,但在流泪和亲吻方面,他们无疑也是斯堪的纳维亚人的后裔。英国所有最典型的文人,如莎士比亚、狄更斯、理查森和萨克雷,都是感伤主义者。不仅如此,英国所有最典型的实干家也都是感伤主义者,如果可能,他们比文人更多愁善感。在伟大的伊丽莎白时代,英国这个国家最终被塑造成型;在伟大的18世纪,大英帝国在四处建立。在所有这些时代,那个具有代表性的、身着灰色和黑色衣服、抑制自己情感的斯多葛派的英国人在哪里呢?伊丽莎白时代所有的学问家和海盗都像那样吗?有哪一位学问家或海盗像那样吗?格伦维尔②用牙齿咬碎酒瓶,直咬到玻璃让血自他嘴中汩汩流下时,他在隐藏自己的情感吗?埃塞克斯③在将帽子抛进大海时,是在抑制自己的激动吗?正如斯蒂文森所说,雷利④认为只拿一阵侮辱性的响亮的喇叭声回应西班牙人的机关枪明智吗?西德尼⑤在他整个的一生和死亡当中,放过一个机会进行夸张的评论吗?清教徒就是斯多葛主义者吗?英国清教徒抑制了很多东西,但即便是他们也很具有英国人的特色,不抑制自己的情感。毫无疑问,卡莱尔一定是通过不可思议的巨大天赋,才设法既欣赏沉默寡言这种性格,又欣赏奥利弗·克伦威尔(Oliver Cromwell)这个人,而此性情与该人是如此的势不两立。克伦威尔不是一个沉默寡言的硬汉子,恰恰相反,只要他不哭,他就总在说话。我想,

---

① 阿喀琉斯(Achilles),希腊神话中的一个人物,特洛伊战争中阿伽门农军中最勇敢的一名战士,传说他出生后被母亲倒提着在冥河中浸过,除未浸到水的脚踵外,浑身刀枪不入。——译者注
② Richard Grenville(1542—1591),富有传奇色彩的英国海军司令,勇猛异常,1591年9月在对西班牙舰队的作战中受伤去世。——译者注
③ Robert Devereux Essex(1567—1601),英国士兵和廷臣,1586年在对西班牙军队的作战中表现勇敢,一举成名。——译者注
④ Walter Raleigh(1554?—1618),英国冒险家和作家,1597年在远征亚述尔群岛时任埃塞克斯的海军少将。——译者注
⑤ Philip Sidney(1554—1586),英国政治家、军事领袖,1586年在英国支持荷兰反对西班牙统治的战争中负伤去世。——译者注

没有人会给《丰盛的恩典》①的作者定下为自己的情感羞愧的罪名。我们确实有可能将弥尔顿描绘成一个斯多葛主义者,在某种意义上说他是斯多葛派,正如他也是一个道学先生、多配偶论者以及其他几个讨厌的异教角色一样。弥尔顿也许确实可以算作例外,一旦我们越过这个伟大孤寂的名字,我们就会发现英国感情主义的传统立刻接续了下来,没有任何中断。不论埃思里奇(Etheridge)、多塞特(Dorset)、塞德利(Sedley)和白金汉(Buckingham)②的感情有怎样的道德之美,我们都不可能给他们冠以过分刻意地隐藏自己感情的罪名。查理二世之所以深受英国人的爱戴,是因为像所有快活的英国国王一样,他表现了自己的情感。荷兰的威廉(William the Dutchman)之所以不受英国人欢迎,是因为他不是英国人,隐藏了自己的情感。实际上,他正是现代理论中的理想的英国人,也正因为如此,所有真正的英国人都像讨厌麻风病人一样讨厌他。随着18世纪大英帝国的兴起,我们发现文学、政治、艺术和军事领域仍然保持着这种坦率的、感情丰富的风格。也许伟大的菲尔丁(Fielding)和伟大的理查森(Richardson)唯一共同的特征就是他们两人都没有隐藏自己的情感。斯威夫特确实是铁石心肠,富有逻辑,那是因为他是爱尔兰人。当我们将目光转向18世纪的那些士兵、统治者、爱国者和帝国的建立者们时,如上所说,我们发现如果可能,他们会比浪漫主义作家更浪漫,比诗人更富有诗意。查塔姆(Chatham)向世界展示了他全部的力量,他也向下议院展示了他全部的软弱。沃尔夫(James Wolfe)手持一柄出鞘的利剑,在屋子里上下踱步,称自己是凯撒和汉尼拔,却吟诵着诗歌去世。克莱武(Robert Clive)与克伦威尔、班扬是同一类型的人,就此而言,与约翰逊博士也是同一类型的人。也就是说,他坚强、明智,同时有一种忧郁和歇斯底里始终在他的血液中流动。与约翰逊博士

---

① 《对罪魁的丰盛的恩典》(*Grace Abounding to the Chief of Sinners*),约翰·班扬著。
② 复辟时期查理二世宫廷中的才子。

一样，正因为他是病态的，所以他更加健康。那个时代英国所有有关海军上将和冒险家的故事都充满着大吹大擂、多愁善感和美妙的做作。然而，我们几乎没有必要举更多的例子来说明英国人本质上是浪漫的，因为有一个例子最为突出。鲁德亚德·吉卜林谈及英国人时自鸣得意地说："我们相见时不搂着脖子彼此亲吻。"确实，随着英国在现代的式微，这种古老而普遍的风俗消失了。西德尼可能认为亲吻斯宾塞没什么了不起，但我乐意承认，如果亲吻证明了一个人更具有男子气概，证明了英国军事强大，那么布罗德里克①就不大可能亲吻阿诺德—福斯特②。在对拿破仑之战中，纳尔逊这位伟大的海军英雄体现了英国人的特质，即便在今天，不表露自己情感的英国人也没有彻底丧失在他身上看到这种特质的能力。我们无法粉碎纳尔逊的神话，在金色的夕阳中，"亲吻我，哈迪"③这几个火红的大字永远书写着英国人伟大的情感。

如此看来，自我抑制这种理想绝非英国特色。它也许有几分东方人的特征，也略微带一点普鲁士人的特征，但总的说来，我认为它与种族或民族无关。如上所说，它在某种意义上是贵族的特征，它不来自任何民族，而来自一个阶级。我认为，甚至贵族阶级在其真正强大时期也并非像斯多葛派那样不动感情。无论这种不动感情的理想是贵族真正的传统，或者只是现代贵族（也许可以称为衰微的贵族）的一个发明，它无疑与这些社会小说缺乏感情的特征有关。从将贵族描述为抑制自己情感的人，到将贵族描述为没有情感需要抑制的人，这之间只有一步之遥。就这样，现代寡头政治的拥护者使钻石的硬度和亮度成为了寡头统治集团的美德。与17世纪十四行诗《致恋人》的作者相仿，寡头政治的拥护者似乎将"冷若冰霜"这个词当作颂词来使用，并将"冷酷无情"当作一种赞美。当然，对于像英国贵族这样无论如何也丢弃不了善良和幼稚

---

① William St. John Broderick（1856—1942），1900—1903年任英国国防大臣。
② Hugh Oakeley Arnold-Foster（1855—1909），政治家、陆军和海军事务方面的权威。
③ 1805年在特拉法尔加，纳尔逊在"胜利号"上层后甲板区对海军副司令哈迪所说的临终遗言。

的人，我们不可能在他们身上塑造所谓积极的冷酷，因此在社会小说中他们表现的是一种消极的冷酷。他们在行为上不可能冷酷，但在言语上却可以冷酷。所有这一切意味着一点，也只能意味着一点，那就是：我们必须到普通大众当中寻找英国人充满生气、鼓舞人心的理想，必须在狄更斯发现它的地方去寻找它。狄更斯的伟大之处部分在于，他是一个幽默家、一个感伤主义者、一个乐观主义者、一个穷人、一个英国人。但是他最伟大之处在于，他看每个人的生命都是那么丰富，充满激情，令人惊异，他甚至没有注意到贵族阶级，狄更斯最伟大之处在于他不会描绘绅士。

第十六章　论麦卡比先生与一种神圣的轻薄

一位评论家曾以一种愤慨、理性的口吻告诫我说:"如果你一定要开玩笑,至少你不必拿如此严肃的对象开玩笑。"我用一种本能的直率和惊奇回答道:"一个人若不拿严肃的对象开玩笑,拿什么开玩笑?"讨论亵渎的玩笑是毫无意义的。开玩笑必定是突然意识到某个自以为很神圣的东西实际上一点也不神圣,在这个意义上说,所有的玩笑本质上都是亵渎的。开玩笑的对象若不是宗教或道德,就是警察执法官、科学教授或装扮成维多利亚女王的大学生。人们开警察执法官的玩笑多过开教皇的玩笑,不是因为警察执法官比教皇更轻薄,恰恰相反,是因为警察执法官比教皇更严肃。罗马主教对英国没有管辖权,而警察执法官可能会带着郑重的神情突然对我们施加压力。人们开老科学教授的玩笑甚至多过开主教的玩笑,不是因为科学比宗教更轻薄,而是因为科学本质上始终比宗教更郑重严肃。拿极其重要的事情开玩笑的不是我,甚至不是某一类记者或爱开玩笑的人,而是整个人类。如果有什么事情是任何一个对世界稍有了解的人都愿意承认的,那就是:对不重要的事情,人们总是严肃认真地、尽可能小心翼翼地谈论;对重要的事情,人们总是轻浮地谈论。人们以红衣主教团的神情一连几小时谈论高尔夫、香烟、马甲、政党政治这类事情,但是,世界上最严肃、最可怕的事情——结婚、被处以绞刑——却是世界上最古老的笑话。

在这个问题上,有一位绅士——麦卡比先生[①]——向我提出了近乎个

[①] Joseph McCabe (1867—1955),罗马天主教的一位神甫,后成为理性主义者。1896年离开神职后,他发起了一场反对基督教的运动,次年发表了两本引起争论的著作——《在修道院的十二年》和《现代理性主义》。

人的恳求。由于麦卡比先生碰巧是一位真诚和才智都令我十分敬佩的人，所以我想讨论一下他的恳求，以期在这个问题上给我的评论者一个满意的答复。在文集《考验中的基督教与理性主义》的最后一篇文章中，麦卡比先生用了相当大的篇幅反对我的方法（而非论点），并且非常友善、庄重地恳求我改变我的方法。我很想在这个问题上为自己辩护，这纯粹是出于对麦卡比先生的尊重，更是纯粹出于对一个真理的尊重。我认为，由于麦卡比先生在这个问题以及其他问题上的错误，这个真理受到了威胁。为了避免在这个问题上对麦卡比先生造成不公，下面我引用他自己的话："但是，在探究切斯特顿先生具体的思想之前，我想对他的方法作一个总体的评论。在最终目的上，他同我一样严肃，为此我对他十分敬重。和我一样，他知道人类处于一个非常重要的岔口。在对幸福无法抑制的渴望的推动下，人类艰难跋涉了无数个世纪，朝一个未知的目标前进。今天人类在踌躇，心境颇为轻松，但是每一位认真思考的人都知道这个决定可能多么重要。显然，人类现在正在离开宗教，踏上世俗主义这条道路。顺着这条新道，人类将往何处？陷于感官享受的泥潭，在城市和工业的无政府状态中疲于奔命多年后最终发现自己迷失正途，不得不重返宗教？抑或是人类将发现自己最终走出了迷雾和沼泽，正沿着很久以来一直隐约显现在前方的坡路上行，笔直奔向寻求已久的乌托邦？这是我们这个时代的戏剧，每位男女都应该明白这一点。

"切斯特顿先生明白这一点，此外，他也称赞我们明白这一点。他身上丝毫没有他的很多同事的那种可鄙的平庸或不可思议的愚钝，他们认为我们是毫无目的的打破传统信仰者，或是道德上的无政府主义者。他承认我们正在为我们视为真理和进步的东西徒劳地争战，他自己也在为他视为真理和进步的东西徒劳地争战。既然双方在这个问题的重要性上达成共识，凭理性而言，我们为什么要立即丢弃用严肃的方法开展这场争论？既然我们这个时代最大的需要就是劝导人们不时地集中一下自己的思想做人（不仅如此，而且记住自己是真正的神，掌管着人类尚不可知的命运),为什么我们非得认为这种变化多端的文字游戏不合时宜呢?艾勒汉卜拉(Alhambra)①的芭蕾舞团、水晶宫②的烟火、切斯特顿先生《每日新闻》上的文章在生活中都有其存在的位置。可是,一个严肃的社会学者怎么会想到用牵强附会的悖论来医治我们这一代人思想的空洞,通过文学的把戏让人们清醒地认识社会问题,用一大串草率的比喻和不精确的'事实'来解决重要问题,以想象代替判断,这我无论如何也不明白。"

我尤其高兴地引用这段话,因为毫无疑问,麦卡比先生对我的赞扬无法达到我对他和他的学派赞扬的程度,我对他们的全然真诚和哲学观的可信赖性予以了高度的赞扬。我相信他们所说的每一句话都是真心实意的,我说的每一句话也都是真心实意的。可是,在承认我说的每一句话都是真心实意时,麦卡比先生为什么有些莫名其妙的犹豫,他为什么不像我对他那样,相信我思想的可信赖性呢?如果我们尝试直接回答这个问题并且把它答好,我想,我们就由最快的捷径深入到了这个问题的根源。

麦卡比先生认为我不严肃,只是在开玩笑,因为他认为开玩笑是严肃的反义词。开玩笑是不开玩笑的反义词,而非其他词的反义词。一个人用怪诞、可笑的措词表达自己的思想,还是用庄严、严谨的措词表达自己的思想,这不是动机或道德状况的问题,而是本能的语言和自我表达的问题。一个人选择用很长的句子还是简短的笑话来讲述真理,这个问题与他选择用法语还是德语来讲述真理类似。一个人用怪诞还是庄严的方式宣扬自己的信条,与他用散文还是诗歌的形式来宣扬类似。斯威夫特在讽刺时是不是在开玩笑,与他在表达悲观主义时是不是严肃的,

---

① 按照摩尔式风格建筑的一个歌舞杂耍剧场,位于莱斯特(Leicester)广场。切斯特顿写作本书时,该剧场已经有了自己常驻的芭蕾舞团。
② 海德公园的一座玻璃建筑,为 1851 年世界博览会而建,后迁至泰晤士河以南的西德纳姆(Sydenham)。

这是两个不同类型的问题。毫无疑问，即便麦卡比先生也不会认为，《格列佛游记》的写作方法越可笑，其目的就越不真诚。如上所说，在这个意义上开玩笑与严肃实际上毫不相干，二者无法比较，正如黑和三角形无法比较一样。萧伯纳先生爱开玩笑，但很真诚；乔治·罗比①爱开玩笑，但不真诚；麦卡比先生真诚，但不爱开玩笑；一般的内阁大臣既不真诚，也不爱开玩笑。

简言之，麦卡比先生受到了一种基本谬见的影响，我发现这种谬见在神职人员当中非常普遍。很多神职人员不时地指责我拿宗教开玩笑，他们几乎总是诉诸"不可妄称耶和华你上帝的名"这句非常合理的诫命的权威。当然我也指出，我没有在任何意义上妄称上帝的名。选择一样东西，拿它开玩笑，这并非轻慢它。相反，这是选择它用于一个不同寻常的好目的。轻慢地使用一样东西意味着毫无用处地使用它，而玩笑可能会极其有用，它可能包含了一种情境下所有尘世的智慧，更不用说所有属天的智慧了。在圣经中找到以上那条诫命的人，同样可以在圣经中找到无数的玩笑。就在上帝的名被保护起来以免被人妄称的那本书中，上帝自己用滔滔不绝的可怕的玩笑震慑了约伯。那本说不可妄称上帝之名的书以轻松自然的口吻谈起上帝的大笑和眨眼。显然，我们不应该在这里寻找真正妄称上帝之名的例子，但我们不难看出真正应该去哪里寻找。真正妄称上帝之名的人（正如我策略地向他们指出的）是神职人员自己。本质上的真正轻薄不是漫不经心的玩笑，而是漫不经心的严肃。如果麦卡比先生真的希望知道所谓严肃的谈话本身能够提供何种真实性和可靠性的保证，我们建议他花一个快乐的星期日巡视一下各个布道坛。更好的建议是，顺便走访一下上议院或下议院。连麦卡比先生都会承认这些人严肃，且比我严肃。而且我还认为，连麦卡比先生都会承认这些人轻薄，且比我轻薄。对用荒诞、悖论的方法写作的作家可能导致

---

① George Robey (1869—1954)，杂耍剧场的著名喜剧演员。

的危险，麦卡比先生为什么如此地大谈特谈？为什么他是如此热切地渴望严肃、啰唆的作家？用荒诞、悖论的方法写作的作家并不很多，严肃、啰唆的作家数目却大得惊人。正是他们的努力，才使得麦卡比先生所憎恶的一切（就此而言，也是我所憎恶的一切）仍然存在，并且生气勃勃。像麦卡比先生这样聪明的人怎么会产生这种想法，认为悖论和玩笑阻碍了进步呢？在现代人们从事的每个领域，阻碍进步的是严肃。是麦卡比先生自己最喜爱的"严肃的方法"，是他自己最喜爱的"重要性"，是他自己最喜爱的"判断"，处处在阻碍进步。任何一个曾率领代表团去见部长的人都知道这一点；任何一个曾写信给《泰晤士报》的人都知道这一点；任何一个希望堵住穷人之口的富人都谈论"重要性"；任何一个没有找到答案的内阁大臣都突然形成一个"判断"；任何一个利用卑鄙手段榨取别人血汗的人都推举"严肃的方法"。刚才我说真诚与严肃无关，但我承认我不太确信自己是否正确，至少在现代世界，我不太确信自己是否正确。在现代世界，严肃是真诚直接的敌人；在现代世界，真诚几乎总是和严肃站在对立面。面对真诚发起的高兴、猛烈的进攻，唯一可能的反击是严肃作出的痛苦的反击。请麦卡比先生或任何一位极其希望我们严肃以便真诚的人设想一下在某政府部门发生的这样一幕：萧伯纳先生率领一个社会党代表团去见奥斯汀·张伯伦先生[①]，严肃会支持谁？真诚又会支持谁？

我非常高兴地发现，麦卡比先生在他谴责轻薄的分类中，将萧伯纳先生和我视为一类。我相信他曾经说过，他总是要求萧先生给自己的杂评归类，注明是严肃的还是滑稽的。我不知道萧先生的哪些杂评被归为严肃，但毫无疑问，我以上引用的麦卡比先生的那篇杂评应该被归为滑稽。在该文中麦卡比先生还说，众所周知，萧先生总是故意说听众们完

---

① Austen Chamberlain (1863—1937)，约瑟夫·张伯伦的长子，在议会任职45年，被喻为"维多利亚时代文雅举止的最后一位代表"。

全没有预料到他会说的话。这种说法没有说服力，不能令人信服，这一点我无须赘述，因为我在评论萧先生时已经谈到了这个问题。这里我只需要说一点就够了，那就是：我唯一能够想象得出的促使一个人听另一个人讲话的真正原因是，第一个人以专注的神情、热切的信任看着第二个人，期待他说自己没有预料到他会说的话。他的话也许是悖论，但那是因为悖论是正确的；他的话也许不合乎理性，但那是因为理性主义是错误的。显然，无论何时我们去听先知或教师说话，我们确实可能期待也可能不期待风趣，确实可能期待也可能不期待雄辩，但是，我们确实期待听到自己没有预料到的话。我们也许不期待真话，我们也许甚至不期待智慧之语，但是，我们确实期待没有预料到的话，否则我们干吗去听？如果我们期待自己预料到的话，为什么不坐在家里，自己去预料呢？关于萧先生，如果麦卡比先生的意思只是说，在听众面前萧先生总是将自己的理论应用到他们意想不到的地方，那么麦卡比先生就是对的，这样说只是表明萧先生有独到的见解。但是，如果他的意思是，萧先生宣称信仰过或宣扬过各种理论，唯独没有信仰或宣扬过自己的理论，那么麦卡比先生就错了。为萧先生辩护不是我的事，正如大家已经看到的，我和萧先生的观点根本不一致。但在这一点上，我不介意代表萧先生，向麦卡比先生这类所有他常见的对手发出公然挑战。我挑战麦卡比先生或任何人，请他们举出一个例子说明，萧先生为了风趣或新奇曾采取过一种立场，而这种立场不是从他在其他场合表达的理论体系中直接演绎出来的。我很高兴地说，我一直在比较认真地研究萧先生的言论，如果麦卡比先生不愿意相信我其他的话是真心实意的，我请求他相信我这个挑战是真心实意的。

尽管如此，以上所说的一切都是插话，我在这里真正要涉及的是麦卡比先生对我的恳求，恳求我不要如此轻薄。现在我要回到他的原文。当然，关于那段原文，有很多东西我可以详细地说，但我首先要说的是：麦卡比先生认为我预计宗教消失可能导致的危险是人们对感官享受喜爱的增强，这是错误的。相反，我更倾向于预计人们对感官享受喜爱的减弱，因为我预计到生命的减弱。我认为，在现代西方物质主义下不会产生无政府主义，我甚至怀疑每个个体是否有足够的勇气和精神来拥有自由。认为我们反对怀疑主义，是因为它使生活失去了约束，这是一个过时的谬见。我们反对怀疑主义，正是因为它使生活失去了动力。物质主义摧毁的不仅仅是约束，物质主义本身就是一个巨大的约束。麦卡比学派宣扬政治自由，但是否定精神自由。也就是说，它废除了可以触犯的法律，代之以不可触犯的法律，这是真正的奴役。

实际上，麦卡比先生所信奉的科学文明有一个很独特的缺点，即它永远倾向于摧毁民主或曰普通百姓的力量，这种民主或力量也是麦卡比先生所信奉的。科学意味着专门化，专门化意味着寡头统治。你一旦养成了这样一种习惯——在物理学和天文学领域委托特定的人去得出特定的研究结果，那么，你也就为一个同样自然的要求敞开了大门，那个要求就是：在政府管理和高压统治方面，你也应该委托特定的人去做特定的事。一只甲虫应该是一个人研究的唯一对象，那个人应该是那只甲虫唯一的研究者。如果你认为这是合情合理的，那么，进一步引申说：政治应该是一个人研究的唯一对象，那个人应该是政治唯一的研究者，这无疑不会妨害什么。正如我在本书其他地方指出的，专家比贵族更高贵，因为贵族只是生活优越的人，专家则是更有知识的人。但是，如果我们注意一下科学文明的进步，我们就会发现，在生活的各个领域，专家的工作逐渐超过了大众的工作。以前人们围着一张桌子合唱，现在是一个人独唱，理由很荒谬，因为他唱得比别人要好。科学文明如果继续发展下去（这是极不可能的），将来只有一个人会笑，因为他笑得比其他人都好。

把麦卡比先生下面这句话单独拿出来作为文本，我可以更简短地表达以上观点。麦卡比先生说："艾勒汉卜拉的芭蕾舞团、水晶宫的烟火、切斯特顿先生《每日新闻》上的文章在生活中都有其存在的位置。"我希望自己文章的地位像其他两者那样崇高。但是，让我们（像查德班德先生①那样，以一种爱的态度）自问一句：艾勒汉卜拉的芭蕾舞团究竟是什么？艾勒汉卜拉的芭蕾舞团是一个个团体，在这些团体中，一排被专门挑选出来的人身着粉红的服装，进行一段被称为舞蹈的表演。在宗教占支配地位的所有国家中——在中世纪的基督教国家和很多原始群体中，跳舞的习惯是所有人共同的习惯，不必局限于一个职业阶层。一个人不是舞蹈演员也可以跳舞，不是舞蹈专家也可以跳舞，不身着粉红的服装也可以跳舞。随着麦卡比先生的科学文明的进步，亦即随着宗教文明（或曰真正的文明）的衰退，受过的训练越来越好的人、穿着越来越入时的人成了跳舞的人，而越来越多的人成了不跳舞的人。欧洲古老的华尔兹或有舞伴的舞蹈在社会中声名日减，取而代之的是东方那种糟糕低劣的幕间表演——所谓的短裙舞，即是一例，从中麦卡比先生可以明白我所说的意思。这是堕落的全部实质：除去为了乐趣而从事一项工作的五个人，代之以为了金钱而从事这项工作的一个人。因此，当麦卡比先生说艾勒汉卜拉芭蕾舞团和我的文章在生活中"有其存在的位置"时，我们就必然应该向他指出，他正在努力创造一个世界，在这个世界，严格地说，跳舞在生活中将没有任何存在的位置。实际上，他正在努力创造一个世界，在这个世界，将没有任何生活可供跳舞容身。麦卡比先生认为跳舞这件事专属艾勒汉卜拉剧院雇用的一些女性，这个事实本身是一个例证，说明了他的一个理论。根据这一理论，他也可以认为宗教这件事专属一些系白领结的受雇男性。跳舞和宗教都应该是由我们自己来做，而不应该是别人替我们做的事情。麦卡比先生如果真的虔诚，他就会很开心，他如果真的开心，就会跳舞。

简单地说，我们可以这样来看待这个问题：现代生活的关键不是艾勒汉卜拉芭蕾舞团在生活中有其存在的位置；现代生活的关键，现代生

---

① 狄更斯《荒凉山庄》中一位虔诚的伪君子。

活最大的悲剧在于，麦卡比先生在艾勒汉卜拉芭蕾舞团中没有其存在的位置。不断变化的优美的舞姿、四肢随着音乐的节奏摇摆、旋转的褶裙、单腿独立，所有这些欢乐天生应该属于我和麦卡比先生，简言之，应该属于健康的普通百姓。也许我们不应该同意经历这些演变，但那是因为我们是可悲的现代人和理性主义者，我们不仅爱自己胜过爱责任，我们实际上还爱自己胜过爱欢乐。

因此，当麦卡比先生说他在生活中给予了艾勒汉卜拉的芭蕾舞（和我的文章）以一席之地时，我认为我们可以理直气壮地指出，由于他的哲学论辩和他最喜爱的文明自身的本质，他给予了二者一个很不恰当的位置。因为，他视艾勒汉卜拉的芭蕾舞和我的文章（他将二者相提并论实在是太抬举我了）为两个非常奇怪可笑的事情，是一些专门的人（可能是出于金钱的目的）为了供他娱乐而从事的。但是，如果他曾经在自身之中感受到一丝人类那个古老、崇高、质朴自然而猛烈的跳舞冲动，他就会发现跳舞根本不是轻薄，而是一件非常严肃的事情。他会发现跳舞是表达某一类情感的一种严肃、纯洁、高雅的方式。同样，和我以及萧伯纳先生一样，如果他曾经感受到一丝他所谓悖论的冲动，他会发现悖论不是轻薄的，而是非常严肃的，他会发现悖论的目的只是要带来一种挑战的快乐，这种快乐单单来自信仰。我认为，任何一种文明，如果它没有人类普遍共有的那种令人捧腹大笑的跳舞的习惯，那么从纯粹人类的观点来看，它是一个有缺陷的文明。我也认为，任何一个人，如果他没有养成以这样那样的方式进行令人捧腹大笑的思考的习惯，那么从纯粹人类的观点来看，他是一个有缺陷的人。麦卡比先生说芭蕾舞是他的一部分，这是毫无意义的，他应该成为芭蕾舞的一部分，否则，他就只有部分是人，而不是一个完整的人。他说他"不反对将幽默引进争论"，这是毫无意义的，他自己应该将幽默引进每一场争论，因为，除非一个人部分是幽默家，否则，他就只有部分是人，而不是一个完整的人。简单地总结一下：如果麦卡比先生问我为什么要将轻薄引进有关人的本质的讨论，我要回答说：因为轻薄是人的本质的一部分。如果他问我为什么要将悖论引进哲学问题，我要回答说：因为所有的哲学问题都倾向于是悖论的。如果他反对我以狂欢的方式描绘生活，我要回答说：生活就是一场狂欢。我要说至少在我看来，宇宙更像水晶宫的烟火，而不像他自己的哲学。整个宇宙洋溢着一种紧张、神秘的欢庆气氛——像我们为篝火夜所做的准备。永恒是某个事件的前夜，每当我仰望星空，我都认为那些星星是小学生燃放的烟火，定格在它们永恒的降落中。

第十七章　论惠斯勒的风趣

才华横溢、足智多谋的作家亚瑟·西蒙斯先生①新近出版了一本文集，其中有一篇文章我认为是在为《伦敦之夜》辩护。在这篇文章中他说，在文学批评中道德应该从属于艺术，其理由有点标新立异——因为艺术或曰对美的崇拜在所有时代都是相同的，而道德则在每个时期、每个方面都不同。他似乎向他的批评者或读者挑战，请他们指出道德中有哪一个特征或特性是永恒不变的。对道德的过分偏见使得很多超时髦的唯美主义者像东方隐士一样病态、狂热，亚瑟·西蒙斯先生的做法无疑是这种过分偏见的一个极其荒谬的例子。说一个时代的道德完全不同于另一个时代的道德，这绝对是现代唯理智论的一个极其常见的说法。像现代唯理智论的很多其他说法一样，这种说法实际上没有任何意义。倘若两个道德截然不同，你为何称二者均为道德？这就如同一个人说："不同地区的骆驼完全不一样，有的长着六条腿，有的一条腿也没有，有的长着鳞甲，有的长着羽毛，有的长着角，有的长着翅膀，有的是绿色的，有的是三角形的。它们没有任何共同之处。"大脑正常的普通人会问："那么，你凭什么称它们都是骆驼？你说的骆驼是什么意思？你看见骆驼时怎么知道它就是骆驼呢？"道德中当然存在永恒不变的实质性的东西，正如艺术中存在永恒不变的实质性的东西一样。这样说也只是表明道德就是道德，艺术就是艺术。理想的艺术批评家无疑会在每个流派中看到那个永恒之美，同样，理想的道德家也会在每一种道德规范中看到

---

① Arthur Symons (1865—1945)，诗人、批评家，1896 年发表了诗集《伦敦之夜》。

那个永恒的伦理标准。但是实际上，一些有史以来最杰出的英国人从婆罗门超凡脱俗的虔诚中看到的只是污秽和偶像崇拜。同样，实际上，有史以来最伟大的艺术家群体——文艺复兴时代的巨擘们——从哥特式建筑超凡脱俗的力量中看到的只是原始落后。

现代唯美主义者毫不掩饰地展示了他们对道德的这种偏见，其实这不是对道德的偏见，而是对他人道德观的一种偏见。这种偏见通常建立在对一种生活——异教的、貌似有理的、高雅的生活——非常明确的道德偏爱之上。现代唯美主义者读马拉梅（Mallarme），在小酒店喝苦艾酒，希望我们相信他看重美胜于看重行为。然而，这不仅是他最喜爱的那种美，也是他最喜爱的那种行为。假如他真的希望我们相信他喜爱的仅仅是美，他就应该哪儿都别去，只和卫斯理派去远足，画他们的孩子嬉戏时闪耀在他们头发上的阳光；他应该什么都别读，只读守旧的长老会牧师极其雄辩的神学讲道。这种绘画和讲道没有任何对道德的赞同，这可以证明他的兴趣在于纯文字或纯画面。而实际上，在他所读、所写的一切书中，他始终坚持自己的道德观和非道德观。"为艺术而艺术"的拥护者总是谴责罗斯金（John Ruskin）说教，他若真的拥护"为艺术而艺术"，就会始终坚决主张罗斯金保持自己的风格。

区分艺术和道德这种理论之所以盛行，很大程度上，是因为在这种理论最有力的倡导者身上及其作品中二者彻底地融合在一起。惠斯勒先生正是这种凑巧的矛盾的化身。从来没有人像惠斯勒先生那样，成功地宣扬艺术的非人格性，也从来没有人像惠斯勒先生那样，从个人的角度宣扬艺术的非人格性。在他看来，绘画与画家性格中的问题无关，但在他所有最狂热的崇拜者看来，他的性格实际上要比他的绘画有趣得多。他以自己的作品不涉及是非问题而自豪，但他的成功却在于他从早到晚一刻不停地谈论自己的是与非。他拥有很多天赋，但我们必须承认，他没有拥有多少美德。他的很多传记作者都强调他对久经考验的朋友仁慈，但这无疑是所有正常人都具备的品质，海盗、小偷也不例外。除此之外，他突出的美德主要限于令人钦佩的两点——勇敢和对善行的抽象的爱。而我认为，最终人们对他的崇拜更多的是由于这两点美德，而非他的天赋。一个人要想宣扬什么，即便是宣扬非道德，他也必须在某种意义上是个道德主义者。在《纪念詹姆斯·惠斯勒》一文中，沃尔特·雷利教授如实地强调了惠斯勒先生在纯绘画方面异乎寻常的诚实这种强烈的倾向，这种倾向贯穿了惠斯勒先生整个复杂而又稍带混乱的性格。"他宁愿毁掉所有的作品，也不愿在画框内留下疏忽或无意义的一笔。他宁愿上百次地重画，也不愿试图通过补缀使作品显得更好。"

没有人会责备雷利教授，因为在惠斯勒先生纪念展开幕式上，他必须发表类似葬礼上的演说，在那种场合，他应该主要谈惠斯勒先生的优点和优良品质。要想对惠斯勒先生的缺点有一个恰当的认识，我们很自然地应该去读另外一种类型的文章，但在评价惠斯勒先生时永远不应该对他的各项缺点避而不谈。实际上，我们要考虑的与其说是惠斯勒先生的各项缺点，不如说是他固有的、主要的缺点。他属于那种花光了自己感情收入的人，总是因自己的虚荣紧张不安，激动不已。因此，他没有力气留给别人，因此也没有仁慈，没有亲切，因为亲切几乎可以定义为有力气留给别人。他丝毫不具备神祇般的满不在乎，他从未忘记自己，用他自己的话来说，他整个的人生都是一种安排。他酷爱"生活的艺术"，这是一种可悲的蠢行。简言之，他是一名伟大的艺术家，但绝不是一个伟大的人。与此相关，我和雷利教授在一点上有很大的分歧，从肤浅的文学角度来看，这一点是惠斯勒先生最打动人的地方之一。雷利教授将惠斯勒先生的笑比作另一位既是伟大的艺术家又是伟大的人的笑："罗伯特·勃朗宁曾遭受了长期的忽视与误解，在《指环与书》中他写道：

啊，英国大众，你们不爱我的书，
（上帝爱你们！）听到这个隐晦的问题，

> 你们理当会笑；笑吧！我要先笑。

惠斯勒先生对待大众的态度与勃朗宁在此采取的态度一模一样。"雷利教授紧接着说："惠斯勒先生总是先笑。"我认为，事实上惠斯勒先生从来不笑。他的天性中没有笑，因为他的天性中没有满不在乎，没有放下自我，没有谦卑。我不明白，怎么会有人读了《文雅的树敌艺术》一文后，竟然认为这种风趣中有笑声？他的风趣对他是一种折磨。他扭曲自己，编造各种错综复杂的妙语，处处小心谨慎地用词，他充满着真正的恶意所具有的那种全然严肃。他为了伤害对手而伤害自己。勃朗宁确实大笑，因为勃朗宁不在意；勃朗宁不在意是因为勃朗宁是个伟大的人。当勃朗宁在括号中对不喜欢他的书的那些淳朴、明白事理的读者说"上帝爱你们"时，他丝毫不是在嘲笑他们。他在笑，也就是说，他的话完全是真心实意的。

有三种不同类型的伟大的讽刺作家，他们同时也是伟大的人，也就是说，有三种人，他们会嘲笑某个东西，而不失去自己的灵魂。第一种类型的讽刺作家是那种首先以自己为乐，然后以仇敌为乐的人。从这个意义上说，他爱仇敌，并且他还将基督教义夸大——那个人越是成为他的仇敌，他就越爱他。在表明自己愤怒的同时，他有一种无法抑制的、强烈的快乐感，他的诅咒与祝福一样富有人情。对这种讽刺，一个极好的例子就是拉伯雷的作品，它是第一种讽刺的典型例子，这种讽刺很激烈，滔滔不绝，很不礼貌，但没有恶意。惠斯勒先生的讽刺不是这种。在任何一场争论中，他从不单纯地高兴，他从不讲纯粹的废话即是一个证明。还有一种人，他们的讽刺也具有伟大的性质。他们因为对恶有一种极其深刻的意识而大发怒气，且一发不可收拾。这类的讽刺作家因为意识到人们发疯而自己发疯，他的舌头变得不听他的驾驭，而去控诉整个人类。斯威夫特就属于这种人，他作品中表现出的极大愤慨之所以对别人而言是一种痛苦，那是因为它对他是一种痛苦。惠斯勒先生也不是这种讽刺作家。他既不像拉伯雷,因为他快乐而笑;也不像斯威夫特,因为他不快乐而笑。

第三种伟大的讽刺是这样一种讽刺,即它使作家显得比他所嘲讽的对象优越。当然,这种优越只是从其所具有的严肃意义而言的,即哪怕在嘲讽对象及其罪时,也尊重对象本身,为他是罪人感到惋惜。在蒲柏的"阿迪库斯(Atticus)"①中,我们可以看到二者是如何完美结合的。在这首诗中,蒲柏认为自己讽刺的是文学天才所特有的那些缺点,因此,在指出嘲讽对象的缺点之前,他很高兴地指出其优点。这也许是最高层次的、最受尊敬的一种讽刺,惠斯勒先生的讽刺不属于这种。他对人的天性所受到的伤害没有深感惋惜,在他看来,受伤害的只有他自己。

惠斯勒先生不是一个伟大的人,因为他过多地考虑自己。不仅如此,他有时候甚至不是一个伟大的艺术家,因为他过多地考虑艺术。任何一个对人的心理有最基本了解的人,对任何一个宣称自己是艺术家却又对艺术夸夸其谈的人,都应该抱有最深切的怀疑。正如走路、祷告一样,艺术是人类很正常的一件事,但是,一旦被人们极其严肃地谈论,我们就可以相当肯定地说,它就像身体某个部位充了血,出现了麻烦。

艺术质(the artistic temperament)是一种疾病,使艺术爱好者深受折磨。它产生自这样一些人:他们没有充分的表现力将自身中的艺术因素表达出来从而摆脱它。把自身中的艺术因素表达出来有益于每一个心智健全之人的健康;不惜一切代价摆脱自身中的艺术因素,对每一个心智健全之人来说,都是必不可少的。具有巨大健康活力的艺术家很容易摆脱自身的艺术因素,正如他们可以自如地呼吸,很容易就出汗一样。但是,对于缺乏活力的艺术家,摆脱自身的艺术因素就成了一种压力,带来明显的痛苦,这种痛苦被称为艺术质。因此,非常伟大的艺术家能够

---

① "阿迪库斯"不是一首诗,是蒲柏在《致阿巴思诺特医生书》的第 194—214 行对艾迪生的一个讽刺性的描绘。[阿迪库斯(Herodes Atticus, 101—177),希腊著名的演说家。——译者注]

成为普通人，成为像莎士比亚或勃朗宁那样的人。艺术质带来很多真正的不幸——虚荣、暴力、恐惧等，但艺术质最大的不幸是它不能创造任何艺术。

惠斯勒先生能够创造艺术，就此而言，他是一个了不起的人。但是他不能够忘记艺术，就此而言，他只是一个具有艺术质的人。一个人能够抛开艺术这个话题，在适当的时候希望艺术沉于洋底，没有什么比这更能证明他是真正伟大的艺术家的了。同样，我们也总是更倾向于信任一位不会在喝葡萄酒、吃干果的同时谈论财产转让的律师。对从事任何工作的任何人，我们真正希望的是，他是一个普通人，他将一个普通人的全部力量投入到那项工作中去。我们不希望那项工作的全部力量被投入到一个普通人中去。我们一点也不希望，律师在与孩子们做游戏时，在骑自行车时，在眺望晨星凝思时，我们那场官司将其力量倾泻到他的这些活动当中。我们确实希望，如果骑自行车明显增强了他的肺功能，或是他在凝思晨星中想到了什么令人高兴的巧妙的比喻，他能够将这些收获充分运用到我们那场法庭纠纷中。简言之，我们很高兴他是一个普通人，因为那可能有助于他成为一名杰出的律师。

惠斯勒先生从未在任何时刻停止过做艺术家。正如马克斯·比尔博姆（Max Beerbohm）在一篇极其明智、真诚的评论①中所指出的，惠斯勒先生真心地认为自己就是自己最伟大的艺术作品。那缕白发、那副单片眼镜、那顶奇怪的帽子——这些对他而言要比他扔掉的任何一幅夜景画、一首改编曲要宝贵得多，他可以扔掉夜景画，但由于某种不得而知的原因，他不能扔掉那顶帽子。他从未使自己摆脱唯美主义的积疴，这种积疴是艺术爱好者的负担。

历史上很多伟大的天才其行为举止极其普通，很多浅薄的评论家对

---

① 指的是《惠斯勒的作品》一文，最初发表于惠斯勒去世的1903年，1909年以《再次》为题再次发表。

此一直感到困惑不解。毋庸多言，这个问题的真正答案在此：他们的行为举止是如此普通，以至于没有被记载下来；他们的行为举止是如此普通，以至于显得不可思议。因此，人们说莎士比亚的作品实际上是培根所作。现代的艺术质无法理解一个能写出莎士比亚那样抒情诗歌的人，怎么可能在沃里克郡（Warwickshire）的小镇上做生意做得如此精明。答案很简单：因为莎士比亚有真正的创作抒情诗歌的冲动，他创作了真正的抒情诗歌，因此摆脱了那种冲动，去忙他的生意。做艺术家不妨碍一个人做普通人，正如夜间睡觉、用餐时吃饭不妨碍一个人做普通人一样。

所有极其伟大的导师和领袖都习惯认为，自己的观点是常人的观点，很随意，很容易吸引每一位过路人。如果一个人真的比他的同伴优越，他首先相信的一点是：人人平等。例如，耶稣基督对任何一群聚集在他周围的各色人等说话时，诉诸的都是那种不可思议的朴素的理性，我们从中可以明白这一点。耶稣说："你们中间谁有一百只羊，失去一只，不把这九十九只撇在旷野，去找那失去的羊，直到找着呢？"又说："你们中间谁有儿子求饼，反给他石头呢？求鱼，反给他蛇呢？"这种浅白、近乎平凡的同志情谊是一切极其伟大之人的特征。

在极其伟大之人看来，因为人们的共识比分歧不知道要重要多少倍，结果，分歧实际上就消失了。伟人的天性中有太多的自古就有的大笑的成分，以至于他们甚至无法容忍去讨论同一位母亲所生的两个男人的帽子有何不同，或去讨论两个最终都必有一死的男人其文化之间细微的差别。一流的伟人与其他人平等，如莎士比亚；二流的伟人在其他人面前谦卑，如惠特曼；三流的伟人比其他人优越，如惠斯勒。

第十八章　年轻国家之类的谬论

说一个人是理想主义者等于说他是一个人，尽管如此，在一种理想主义者与另一种理想主义者之间进行有效的区分也许还是可能的。例如，一种可能的区分是：人分为有意识的理想主义者与无意识的理想主义者。与此类似，人可以分为有意识的仪式主义者和无意识的仪式主义者。奇怪的是，与在其他问题上一样，有意识的仪式主义相对简单，无意识的仪式才真正繁琐复杂。人们称为仪式主义的是相对简单粗俗的仪式，包括饼、酒、火这类普通的东西和俯伏跪拜的人。但是，真正复杂、纷繁多样、精心设计、没必要正式的仪式却是人们无意识地展现出来的仪式，它包括的不是酒与火这类普通的东西，而是真正奇怪的、具有地方特色罕见巧妙的东西——门垫、门环、电铃、白领结、丝绸礼帽、发亮的名片、五彩纸屑等。事实上，除了表演某个宗教性的化装节目，现代人很少去碰那些古老朴素的东西。若非走进崇尚仪式的教堂，现代人便几乎无法摆脱仪式。关于教堂中这些古老神秘的礼节，我们至少可以说，仪式不仅仅是仪式，其中使用的象征大多是原始的人类诗歌中所使用的象征。最强烈反对基督教仪式的人也必须承认，即便天主教没有设立饼和酒，其他人也很可能设立。任何一个拥有诗歌天赋的人都会承认，对这种常见的人类天赋而言，饼和酒都象征着某个不太容易用其他事物象征的东西。而晚会上的白领结却仅仅是仪式。没有人会假称晚会上的白领结原始、富有诗意。没有人会坚称，在哪个时代或国家，诗歌这种常见的人类天赋会倾向于用白领结象征夜晚。相反，我想，诗歌这种常见的人类天赋会倾向于用带有夕阳中某些色彩的领结，用黄褐色或绯红色、紫色、橄榄色或深金黄色的领结，而不是白领结来象征夜晚。例如，J. A. 肯斯特先生①好像认为自己不是一个仪式主义者。然而，与任何一位普通的现代人一样，肯斯特先生的日常生活实际上是一个连贯的压缩版目录，内容是神秘的化装表演和空洞的恭维话。这种化装表演和恭维话的例子无疑有上百个，现仅举一例子。我想，肯斯特先生会脱帽向女士致敬。通过脱掉自己穿着的一部分、拿着它在空中挥舞来象征异性的存在，从抽象的角度来看，有什么比这更郑重、更可笑的吗？我要重复一句，这与饼或火不同，它不是一种自然、原始的象征。一个人也很可能必须脱下自己的马甲向女士致敬，如果一个人因为他所处的文明中的社交仪式，必须脱下马甲向女士致敬，那么每一位明白事理、具有骑士风度的人都会脱下马甲向女士致敬。简言之，肯斯特先生和那些赞同他观点的人可能认为（真心地认为），人们对彼岸世界的崇拜奉献了太多的香火和仪式，但没有人会认为，他们对此岸世界的崇拜所奉献的香火和仪式太多。

　　如此看来，所有人都是仪式主义者，只是有些人是有意识的，有些人是无意识的。有意识的仪式主义者一般都满足于几样非常简单、基本的象征；无意识的仪式主义者崇尚仪式几乎到了疯狂的地步，不将整个人类生活卷入，他们便不满足。第一种人被称为仪式主义者是因为他发明并记住了一种仪式；第二种人被称为反仪式主义者是因为他举行并忘记了一千种仪式。上面，我不得已用了相当大的篇幅区分有意识的仪式主义者与无意识的仪式主义者，而在有意识的理想主义者与无意识的理想主义者之间也有类似的区分。猛烈抨击愤世嫉俗者和物质主义者是毫无意义的，因为不存在愤世嫉俗者，也不存在物质主义者。人人都是理想主义者，只是人拥有的往往是错误的理想。人人都不可救药地感情用

---

① John Kensit (1853—1902)，狂热的新教鼓动者，强烈反对仪式主义和圣公会中皈依罗马天主教的倾向，于1898年发起了一场有组织的反仪式主义运动。

事，但不幸的是，那种感情往往是错误的感情。例如，当我们谈起商界某个声名狼藉的人物，说他为了金钱什么事都会做时，我们的用词是很不准确的，我们对他毁谤得很厉害。他不会为了金钱什么事都做。他会为了金钱做一些事，例如，他会为了金钱出卖自己的灵魂，正如米拉波伯爵①幽默地说道的，他很聪明，"为了金钱，吃屎都愿意"。他会为了金钱压迫人。这是因为灵魂和人不是他所信奉的东西，不是他的理想。但他有自己朦胧、美好的理想，他不会为了金钱玷污这些理想。他不会为了金钱把嘴伸到汤锅里去喝汤，不会为了金钱把燕尾服的燕尾穿在前面，不会为了金钱散布消息说他得了脑软化。在实际生活中，我们在理想问题上的发现与我们在仪式问题上的发现一模一样。我们发现，虽然拥有非世俗理想的人确实存在着狂热的危险，但是拥有世俗理想的人却永远存在着狂热的危险，那种危险迫在眉睫。

有人说理想是一个危险物，具有欺骗和致醉作用，他们说得很对。但是，最致醉的理想是最不理想主义的理想；最不致醉的理想是非常理想的理想，它使人陡然清醒，正如所有的高处、悬崖、遥远的距离使人陡然清醒一样。即便将一朵云彩当作一处海角是一个巨大的错误，最容易被当作海角的那朵云彩也是最接近地面的云彩。同样，我们也许承认将理想当作现实是危险的，但我们仍要指出，在这方面，最危险的理想是看上去有点现实的理想。实现一个很高的理想很难，因此，要想使我们相信自己已经实现了那个理想，这几乎是不可能的。但是，实现一个很低的理想很容易，因此，在根本没有实现那个理想时使我们相信自己已经实现了这个理想，这比较容易。我们随便举个例子。我们也许可以称希望成为大天使的人野心勃勃，怀有这种理想的人极可能表现出禁欲主义，甚至疯狂。但我认为他不可能产生误会，他不会认为自己是大天使，四处扑棱着自己的双臂，认为它们就是翅膀。但是，假定一个心智

---

① Honore Gabriel Riquetti, Comte de Mirabeau (1749—1791)，是法国大革命的领导者之一。

健全的人抱有一个很低的理想，假定他希望自己成为一名绅士。任何一个了解人情世故的人都知道，不出几个星期，他就会使自己相信他已经成为了一名绅士。这显然不是事实。结果，社交生活中会出现真正的、名副其实的混乱和灾难。毁坏现实世界的不是不切实际的理想，而是平淡无奇的理想。

也许我们可以通过现代政治中一个类似的情况说明这一点。当人们说格莱斯顿这类过去的自由党政治家只关心理想时，他们无疑是在说瞎话，那些政治家关心很多其他事情，包括选举。当人们说张伯伦或罗斯伯里这类现代的政治家只关心选举或物质利益时，他们无疑又在说瞎话，这些政治家像其他人一样关心理想。但二者真正的区别也许在此，即对过去的政治家而言，理想就是理想，不是任何其他事物；对现代的政治家而言，他的梦想不仅是美好的梦想，而且就是现实。过去的政治家会说："若有一个共和制联盟统治世界，那是件好事。"现代的政治家不是说："若有一个英帝国联盟统治世界，那是件好事。"而是说："现在有一个英帝国联盟统治世界，这是件好事。"显然，所谓的英帝国联盟不存在。过去的自由党政治家会说："爱尔兰应该有一个好的爱尔兰政府。"但今天普通的统一论者不说："爱尔兰应该有一个好的英国政府。"而是说："爱尔兰现在有一个好的英国政府。"简言之，现代的政治家似乎认为，一个人只要仅对实际事物发表自己的看法，他就可以变得很实际。显然，认识只要涉及的是物质事物，即便错了也无妨。大多数人也本能地认为，在现实生活中，甚至其对立面也是对的，即认识只要涉及的是理想的事物，即便错了也无妨。你若问我，是愿意与一个认为自己是上帝的绅士合住一个套间，还是愿意与一个认为自己是蚱蜢的绅士合住一个套间，我当然更愿意选择前者。思想不断地为实际的意象、实际问题所萦绕，不断地把事情看成是真实的、紧急的、正在完成中的，这些并不证明一个人实际，这些其实正是精神病人最常见的症状。现代的政治家是物质主义的，这与他们同时也是变态的毫不相背。在幻想中看见天使可能会使一个人变成过分的超自然主义者，在极度的癫狂中只看见蛇却不能使一个人成为博物学家。

当我们真正来考察现代注重实际的政治家常见的主要见解时，我们发现，那些常见的主要见解大都是错误。我们可以举很多例子，例如：我们可以以"统一"这个词背后蕴藏的那一类奇怪的见解，以及堆砌在它身上的所有颂词为例。毫无疑问，统一本身不是一件好事，正如分裂本身不是一件好事一样。一个党派支持统一、另一个党派支持分裂，就如同一个党派支持上楼、另一个党派支持下楼一样荒谬。问题不是我们应该上楼还是下楼，而是我们要去哪里，为何目的去。统一有好处，也有缺陷。将两匹马套到一起拉车是件好事，但是，试图将两辆双轮出租马车拴在一起变成一辆四轮出租马车却不是件好事。将十个国家统一成一个帝国也许碰巧就像将十个先令兑换成一个沙弗林一样可行，也可能碰巧就像将十条猱变成一条大驯犬一样荒谬。在所有情况下，问题都不是统一还是非统一，而是同一还是非同一。由于某些历史和道德的原因，两个国家统一的结果可能导致大体上相互帮助。是故，英国和苏格兰在历史上一直相敬如宾，但二者的力量和环境始终保持不同、平行，因而不发生冲突。然而，由于某些道德和政治的原因，两个国家统一的结果可能只会导致彼此阻碍，双方的路线方针发生冲突，而不是保持平行。是故，英国和爱尔兰统一的结果导致爱尔兰人有时候能够统治英国，但从来未能统治爱尔兰。教育制度，包括最近通过的教育法案，在爱尔兰如同在苏格兰一样，对统一问题是一个很好的检验。压倒多数的爱尔兰人信奉严谨的天主教，而压倒多数的英国人信奉不明确的新教。统一议会中的爱尔兰党派，人数多到足以阻止英国的教育向不明确的新教发展，又少到足以阻止爱尔兰的教育向明确的天主教发展。这里就出现了一种状况，任何一个理智的人做梦都不会希望这种状况持续下去，除非他被"统一"这个感情用事的词本身迷了心窍。

然而，我并不打算用统一这个例子来说明现代注重实际的政治家所有的设想背后的那种彻头彻尾的无益和欺骗。我希望专门谈一谈另一种普遍得多的错误，它渗透在所有党派里一切注重实际的人物的思想和言谈之中，是一个简单的错误，建立在一个错误的比喻之上。我指的是当今世界上流行的有关年轻国家和新兴国家的谈论——美国年轻，新西兰很新，等等。这一切都是文字游戏。美国并不年轻，新西兰并不新，这两个国家是否远比英国或爱尔兰古老，这是一个很值得讨论的问题。

当然，如果我们严格地用年轻这个词来暗示一个国家诞生不久，我们可以将这个比喻用于美国或那些殖民地身上。但是，如果我们（像今天实际中那样）用它来暗示活力、有生气、粗鲁、缺乏经验、希望、来日方长或年轻所具有的任何一种浪漫特性，那么，我们显然就被一个陈腐的比喻欺骗了。将年轻这个词用于任何一个与具有独立国地位的机构平行的其他机构身上，我们就可以轻而易举地明白这一点。假定"牛奶与苏打水俱乐部"于昨天成立，我也相信它于昨天成立，那么，在它于昨天成立这个意义而非其他意义上，这个俱乐部当然是一个年轻的俱乐部。它可能全部由行将就木的老绅士组成，它本身可能也行将就木。鉴于它成立于昨天这一事实，我们可以称它为年轻的俱乐部；鉴于它很可能明天就垮了这一事实，我们也可以称它为老迈的俱乐部。这样来看一个机构，一切都很显然。任何一个对一家银行或一家肉铺持"年轻的国家"这种错误认识的人，都将被送往精神病院。因为美国和那些殖民地很新，所以必定充满活力，这整个的现代政治观念也是建立在一个薄弱的基础之上。美国继英国之后很久才诞生，这丝毫不能保证美国不会比英国提前很久灭亡；英国在其殖民地之前存在，它完全有可能在殖民地灭亡之后仍然存在。纵观世界真实的历史，我们发现，欧洲古国几乎无一例外都比其殖民地的生命力长久；纵观世界真实的历史，我们发现，若有什么东西诞生时就老迈、死亡时仍年轻，那就是殖民地。希腊各殖民地久在希腊文明消亡前就已经分崩离析；西班牙这个国家仍然存在，而其殖民地则早已瓦解。英殖民地文明起源于英国，因此我们得出结论说：其寿命可能，甚至很可能要比英国文明本身短暂得多；其活力可能，甚至很可能远不及英国文明。这似乎也是毋庸置疑的。在盎格鲁—撒克逊种族已经彻底不再时尚时，英国将和欧洲各国一样仍然继续存在。当然，眼下我们感兴趣的问题是：关于美国和英殖民地，我们是否有确凿的证据证明，它们是在道德和智力上年轻，而不仅仅是在年代上年轻（年代上年轻无疑是无关紧要的）？我们有意识或无意识地知道我们没有这类证据；因而，我们有意识或无意识地开始编造这类证据。从吉卜林先生新近的一首诗歌中，我们可以为这种纯粹杜撰找到一个很好的例子。论到英国人民和南非战争时，吉卜林说："我们讨好这些年轻的国家，为的是可以得到他们那些会骑马、会射击的人。"有些人认为这句话侮辱了英国。我眼下要讨论的只是那个显而易见的事实，即这句话是错误的。殖民地提供了非常有用的志愿军，但没有提供最好的军队，也没有取得最好的战绩。正如我们可以预料的，在英国这方，战斗得最出色的是最好的英国军团。那些会骑马、会射击的人不是来自墨尔本的狂热的玉米商，也不是来自廉边大街的狂热的职员，而是在欧洲一个强国的常规军队的训练中学会了骑马、射击的人。当然，殖民地人像其他普通的白人一样勇敢、体格健壮；当然，他们取得了尚可的战绩。我在这里必须指出的只是：新国家之类的理论要想成立，我们就必须坚持这种观点，即殖民地的军队要比科伦索（Colenso）或第五作战旅的炮兵更有用或更勇敢①。对此论点，我们现在没有、也从来没有一丝一毫的证据。

与新国家理论相似，人们也试图将殖民地的文学描绘为清新的、朝气蓬勃的、重要的文学，这只会更加地不成功。拥护帝国主义的杂志不断地突然向我们介绍某个澳大利亚或加拿大的天才，希望我们通过他能

---

① 切斯特顿指的是布勒将军的部队 1899 年 12 月 15 日试图在科伦索强行渡过图盖拉河（the Tugela River）过程中所作的两次英勇、但未成功的壮举。当布勒将军的炮兵部队离河只有一千码时，龙上校早早赶在原本要掩护他们的步兵连之前袭击了他们，使他们遭受到一千名布尔步兵的扫射。哈特陆У上将的第五旅（也称爱尔兰旅）行进到该河的一个环道处时，同样从三面遭到了毁灭性炮火的攻击。

够闻到丛林地区或大草原的气息。实际上，任何一个哪怕只对文学本身稍微感兴趣的人（举个例子，我对文学本身就只是稍微感兴趣）都会坦率地承认，这些天才撰写的故事除了散发出印刷厂油墨的气息外，什么气息也没有，而且那个油墨也不是一等品的油墨。宽宏大度的英国人在阅读这些著作时充分发挥英帝国的想象力，往这些著作中增添一种力量和新颖。但是，那种力量和新颖不在新作家身上，那种力量和新颖在英国人古老的心中。任何一个公正地研究这些新作家的人都会知道，殖民地一流的作家其作品的语调和氛围甚至都不是特别的新颖，他们不但不是在创作一种新型的好文学，甚至也不是在创作任何具体意义上的新型的坏文学。新国家中的一流作家与老国家中的二流作家其实几乎一模一样。当然，他们确实感受到了荒野的神秘、丛林的神秘，因为所有单纯、诚实的人在墨尔本、在马盖特、在圣潘可拉斯（St. Pancras）①的南部都会感受到这一点。但是，当他们写得最真诚、最成功时，其背景不是丛林的神秘，而是我们自己浪漫的伦敦东区的文明，这个背景可能明确表现了出来，也可能是假想的。真正打动他们灵魂、使他们感到一种惬意的战栗的，不是荒野的神秘，而是《两轮马车的神秘》②。

当然，对这种概括，也有一些例外。一个真正引人注目的例外是奥利芙·施赖纳（Olive Schreiner），她绝对是一个例外，而这个例外又恰恰证明了通则。施赖纳是一个残忍的、才华横溢的现实主义小说家，但她之所以如此，正是由于她不是英国人。从宗族的角度来说，她与特尼尔斯③和马汀·马汀斯④的国家，亦即现实主义者的国家有亲属关系；从文学的角度来说，她与欧洲大陆的悲观主义小说有亲属关系，那些悲观主

---

① 伦敦中心的一个自治市。
② 《两轮马车的神秘》(1886) 是澳大利亚小说家弗各斯·休姆（Fergus Hume）的一部侦探小说，极为畅销。——译者注
③ 指的要么是老大卫·特尼尔斯（David Teniers, 1582—1649），要么是小大卫·特尼尔斯（1610—1694），两人都是佛兰芒的画家。
④ 荷兰作家施瓦茨（Jozue Marius Willem van der Poorten Schwartz, 1858—1915）的笔名，发表过英文侦探小说《黑匣子谋杀犯》(1890) 及其他故事、小说。

义小说家最令人遗憾之处就是残忍。施赖纳不是一个传统的英国殖民地人，其原因很简单，正如南非不是，而且很可能永远也不会是英国化的英国殖民地一样。当然，也有一些个别的、不那么突出的例外。我尤其记得麦克维因先生①写的一些有关澳大利亚的故事，那些故事表明作者具有非凡的才智，给人留下了深刻的印象。我想也正是出于这一原因，那些故事可能没有被大吹大擂地介绍给大众。任何一个喜爱文字的人如果明白了我大体的论点，对它都不会产生异议。从总体来看，殖民地文明正给我们带来一种文学，或表现出正给我们带来一种文学的迹象，这种文学将令我们自己的文学吃惊，并更新我们自己的文学——但这并不是事实。在这个问题上抱有一个可爱的幻想，对我们也许是一件很好的事，但那完全是另外一回事。殖民地也许给英国带来了一种新的情感，我要说的只是：它们没有给世界带来一本新书。

关于这些英国殖民地，我不希望大家误解我的意思。我不是说美国或这些殖民地没有未来，或说它们将不能成为伟大的国家，我只是否认现代有关它们的那一整套既定的说法。我否认它们"注定"会有未来，我（理所当然地）否认任何人类的东西注定会成为什么。一切荒谬的身体比喻，如年轻、年龄、活着的、垂死的，用于国家身上，都不过是伪科学的努力，企图蒙蔽人们，不让他们知道他们孤独的灵魂拥有令人敬畏的自由。

对美国，我们确实需要刻不容缓地对它发出一个类似的告诫。当然，像一切其他人类之物一样，美国从精神的角度说可以活着，也可以死亡，就看它怎么选择了。但是，眼下美国必须非常严肃地考虑的，不是它离自己的诞生和开始有多近，而是它离自己的终结有多近。美国文明是否年轻，这只是一个用词的问题；美国文明是否正在消亡，这可能

---

① 赫伯特·麦克维因（Herbert C. McIlwaine）著有《丁肯巴：一位澳大利亚骑马牧人的浪漫传奇》（1898），《白石——一个丛林男孩的故事》（1900）等。切斯特顿在此指的可能是他的小说集《秘密的歌》（1903）。

会成为一个非常实际、紧迫的问题。一旦抛开"年轻"这个词所包含的那个奇怪的身体比喻（稍微思考片刻，我们就会抛开这个比喻），我们有什么真正的证据证明美国拥有一种新的力量，而非旧的力量？像中国一样，美国有很多人；像战败的迦太基或垂死的威尼斯一样，美国有很多钱；像毁灭后的雅典和所有衰微中的希腊城市一样，美国充满着喧嚣和激动。美国喜欢新事物，然而，老人总喜欢新事物——年轻人读历史，老年人读报纸。美国赞赏力量和漂亮的外表，比如说，赞赏美国女性惊艳、粗野的美丽。然而，罗马在哥特人兵临城下时也是如此。所有这一切与根本的乏味、衰败是颇为一致的。一个国家可以通过三种形式或象征表明自己本质上是快乐伟大的：通过政府中的英雄人物；通过战争中的英雄人物；通过艺术中的英雄人物。除政府外（政府可以说是一个国家的形式和主体），对任何一个公民来说，最重要的是他对待节日的艺术态度和对打仗的道德态度，亦即他接受生活的方式和接受死亡的方式。

用这些永恒的标准来检验，美国根本不显得特别地新或未受沾染。她具有现代英国或任何一个其他西方强国所有的缺点和萎靡特征。在政治上，她和英国一模一样，衰颓为令人迷惑的机会主义和虚伪。在战争以及国家对战争的态度问题上，她与英国的相似更为明显，也更令人伤感。我们也许可以大致准确地说，一个强大的民族其生命可以分为三个阶段：第一阶段，它是一个小强国，攻打小强国；第二阶段，它变成一个大强国，攻打大强国；第三阶段，它是一个大强国，攻打小强国，但是为了重新燃起自己古老的感情及虚荣的余烬，它假装自己攻打的是大强国，紧接着它自己就变成了一个小强国。英国在与德兰士瓦人（the Transvaal）的战争中严重地表现出这种衰微的特征；美国在与西班牙的战争中更加严重地表现出这种特征，在这场战争中，对坚固防线极其随意的选择与对弱小敌人极其认真的选择，二者之间讽刺性的对比最为鲜明、最为可笑。美国在拥有罗马或拜占庭晚期所有的特征之上，又增添了卡拉卡拉的胜利①——对弱小对手的胜利——这个特征。

然而,当我们来看检验民族的最后一个标准——艺术和文字——时,情形堪称可怕。英殖民地迄今没有产生任何伟大的艺术家,这也许证明它们仍然充满着不为人知的可能性和后备力量。但是,美国已经产生了伟大的艺术家,这无疑证明她充满着一种细微难察的虚空和万物的结局。无论美国的天才人物是什么,他们绝不是创造年轻世界的年轻神祇。惠斯勒的艺术是勇敢、粗野、快乐、轻率的艺术吗?亨利·詹姆士以小学生的活力感染了我们吗?没有。殖民地尚未说话,它们是安全的,它们的沉默也许是胎儿的沉默。但是,美国发出了一声可怕的、令人吃惊的叫喊,这是临终之人的叫喊,绝对没错。

---

① Caracalla,188 年出生,211—217 年任罗马皇帝,靠弑君登上帝位,人称他的统治由"一系列的残暴行径和敲诈"组成。

第十九章　以贫民窟为题材的小说家与贫民窟

当今我们对人与人之间的博爱这个信条的真正本质持一些非常奇怪的观点。以我们现代所有的人道主义，我们无法清楚地明白这个信条本身，更无法认真地将它付诸实践。例如，把你的男管家踢到楼下，这并不是什么特别不民主的事，这样做也许不对，但并不代表你没有博爱。在某种意义上，你那一拳或一脚可以说是在宣告主仆平等——你与男管家贴身肉搏，你差不多赋予了他与你决斗的特权。对男管家期望过高，当他达不到合你心意的高标准时，又万分吃惊以至发疯，这虽然可能有些不明智，但绝非不民主。真正不民主、不博爱的，不是期望男管家多多少少合你的心意；真正不民主、不博爱的，是像众多现代人道主义者所说的："当然，人应该体谅那些地位比自己低下的人。"实际上，如果将一切考虑在内，我们可以不无夸张地说：真正不民主、不博爱的，是不把男管家踢到楼下这种惯常的行为。

在很多人看来，这样说似乎是在开玩笑、不严肃。大家之所以这样认为，正是由于现代世界很大一部分人不赞同严肃的民主情感。民主不是慈善，甚至不是利他主义或社会改良。民主不是建立在对普通人的同情之上，民主是建立在对普通人的尊重之上；如果你愿意，我们甚至可以说，民主是建立在对普通人的敬畏之上。民主捍卫人的尊严，不是因为人是如此的可怜，而是因为人是如此的崇高。民主反对一个人当奴隶，但它更反对一个人不当君主，因为民主的梦想始终是第一罗马共和国——一个人人皆君主之国——的梦想。

世界上最民主之物是真正的共和国，其次是世袭的专制君主统治。

在我所指的专制君主统治中，绝对不存在说某某人因为他的才智或因为特别适合这一职位才做了君主这类的废话。理性的专制君主统治，亦即选拔的专制君主统治，一向都是人类的灾祸；因为在这种制度下，普通人被某个对他毫无兄弟般友爱尊重的自命不凡者所误解、不当地统治着。但是，非理性的专制君主统治一向都是民主的，因为被推上君位的是普通人。最坏形式的奴隶制是被称为独裁政治的奴隶制，也就是推选某个勇敢或杰出的人做君主，因为他适合这个职位。这意味着人们选择一个代表，不是因为他代表他们，而是因为他不代表他们。人们信任乔治三世或威廉四世这样的普通人，是因为他们自己作为普通人能够理解乔治三世和威廉四世。人们信任普通人是因为人们信任自己，而人们信任一个伟人是因为人们不信任自己。因此，对伟人的崇拜始终在软弱和怯懦的时代出现，只有在其他所有人都渺小时，我们才听说起伟人。

世袭的专制君主统治在本质上和感情上是民主的，因为它从人类当中任意选择。即便它不宣称每个人都可以做统治者，它也宣称任意一个人都可以做统治者，这是第二大民主的事情。世袭的贵族统治要糟糕得多，也危险得多，因为贵族的数量和多样性使它有时候可以扮演才智非凡的贵族的角色。有些贵族可能拥有智慧，因此他们无论如何都将成为社会贵族中的知识精英。他们借助自己的才智统治贵族阶级，又借助贵族阶级统治国家。于是将出现一个双重的假象，成千上万个上帝的形像将被贝尔福先生①或温德姆先生②这样的人——幸运的是，在妻子和家人的眼里，他们既非绅士，也非聪明之人——所代表。因为这两位先生太绅士，我们不能仅仅称他们为聪明；同时，他们又太聪明，我们不能仅仅称他们为绅士。但是，即便是世袭的贵族统治，出于一种偶然，也可能不时地表现出世袭君主统治拥有的那种基本的民主特征。有些人一直

---

① Arthur Balfour（1848—1930），保守党政治家，1902—1905 年任英国首相。
② George Wyndham（1863—1913），保守党政治家，1900—1905 年任爱尔兰事务首席大臣。

竭尽全力想要证明上议院是由聪明人组成的，以此来为上议院辩护。一想到有多少人为稳妥起见，在这上面煞费心机，我们就觉得好笑。其实，我们可以为上议院作一个很好的辩护，只是贵族的仰慕者们羞于作这样的辩护，这个辩护就是：上议院在它最强大、充分发挥作用之时是由愚蠢人组成的。用任何方法我们都很难为上议院这个机构辩护，但是，指出众议院中的聪明人（其权力源于他们的聪明）最终应该受到上议院中的普通人（其权力源于偶然）的牵制，这对上议院将是一个真正似乎合理的辩护。当然，对这类争论，解决的方案很多。例如，我们可以说，上议院不再主要是一个由贵族组成的机构，而是由商人、金融家组成的机构；或者说，普通的贵族大部分都不投票，因此，议院的席位被让给了那些自命不凡者、专家和拥有各种嗜好的愚蠢的老绅士。但是，尽管有这种种缺点，在有些场合，上议院在某种意义上仍然是有代表性的。例如，当所有的贵族都聚集起来投票反对格莱斯顿先生第二次提议的爱尔兰自治法案时，那些说贵族代表着英国人民的人是完全正确的。在那一刻，在那个问题上，所有那些生来碰巧就是贵族的可爱老人与所有那些生来碰巧就是贫民或中产阶级的可爱老人正好对应。那群贵族确实代表着英国人民，也就是说，他们诚实、无知、莫名其妙地激动、几乎全体意见一致，并且显然是错误的。当然，作为民众意愿的表达，理性的民主强于任意的世袭。当我们决定采用民主时，那就选择理性的民主吧。但是，如果我们决定采用寡头政治，那就选择非理性的寡头政治吧，那样我们至少还是由人来统治。

然而，民主要想恰当地发挥作用，真正需要的不仅是民主的体制，甚至民主的观念，而且还需要民主的情感。像那些最基本、不可或缺的东西一样，民主的情感在任何时候都难以描述，在我们这个启蒙的时代尤其难以描述。原因很简单：在这个时代我们尤其难以发现这种情感。民主的情感是一种本能的态度，它感受到所有人都同意是无比重要的东西，也感受到所有那些就其是否无足轻重大家观点不一的东西（例如，纯粹的智慧)。在日常生活中最接近民主的情感的,是我们在看到任何震惊事件或死亡时所作的快速反应,我们考虑的是单纯的人。在发现了一个有点令人惊恐的事件后,我们说:"沙发底下躺着个死人。"我们不大可能说:"沙发底下躺着一个风度相当优雅的死人。"我们说:"一个女人落水了。"我们不会说:"一个受过高等教育的女人落水了。"没有人会说:"你的后花园里有一个头脑清晰的思想家的残骸。"没有人会说:"你若不赶快去阻拦,一个对音乐有着极高品位的人就会跳下那座悬崖了。"我们所有人都有这种民主的情感,它与出生、死亡这类的事情联系在一起。在有些人身上,这种情感在一切平常的时刻、平常的地点都是朴素自然、始终如一的。在阿西西的圣法兰西斯身上,它是朴素自然的;在沃尔特·惠特曼身上,它也是朴素自然的。也许我们不能期望圣法兰西斯和惠特曼这种奇异、崇高的民主情感渗透到整个联邦或整个文明当中,但是,一个联邦可以比另一个联邦拥有更多的民主情感,一种文明也可以比另一种文明拥有更多的民主情感。也许,从来没有一个团体像早期的法兰西斯会那样富于民主情感;也许,从来没有一个社会像我们的社会那样缺乏民主情感。

仔细审察,我们就会发现,我们这个时代的一切都具有这种根本不民主的特征。在宗教和道德问题上,理论上我们应该承认,知识阶层的罪与穷人和没有知识之人的罪同样严重,还有可能比他们更甚。但在实际中,中世纪的伦理与我们的伦理之间的重大差别在于,我们的伦理将注意力集中在没有知识之人的罪上,几乎否认知识阶层的罪,认为它们根本不是罪。我们总是谈论滥饮这种罪,因为很明显,穷人犯这种罪的要比富人多。但是,我们总是否认存在骄傲这类的罪,因为很明显,富人犯这种罪的要比穷人多。一个受过教育的人走进村舍,给未受教育之人一点点好心的劝告,我们总是乐意将这样的人封为圣人或先知。但是,中世纪对圣人或先知的看法却大不相同。中世纪的圣人或先知是一个未受教育之人,他走进富丽堂皇的住宅,给受过教育之人一点点好心的劝告。过去的专制君主厚颜无耻到剥削贫民的地步，但没有厚颜无耻到向贫民说教的地步。过去，压迫贫民的是绅士，但是劝告绅士的是贫民。我们在信仰和道德问题上不民主，我们对待这类问题的态度在本质上也决定了我们现实政治的风气也同样不民主。我们总是思忖该拿穷人怎么办，这点足以证明我们不是一个本质上民主的国家。我们若是民主主义者，就应该思忖穷人该拿我们怎么办。在我们这样一个不民主的国家，统治阶级不断地问自己："我们应该制定哪些法律？"在一个真正民主的国家，统治阶级会不断地问自己："我们应该遵守哪些法律？"也许人类历史上还从未出现过一个真正民主的国家，但即便封建时代，实际上也远比我们民主，因为每位封建君主都知道，他制定的任何一条法律都完全有可能应用到自己身上。触犯了节约法令，他帽子上的羽饰就可能被剪掉；犯了叛国罪，他的头就有可能被砍掉。但是，现代法律几乎无一例外都是只影响被统治阶级，不影响统治阶级。我们有酒馆经营许可法，但没有节约法，也就是说，我们有禁止穷人欢乐、好客的法律，没有禁止富人欢乐、好客的法律。我们有禁止亵渎的法律，即禁止一种粗俗、无礼的言论（除粗俗卑贱之人外，无人会以这种言论为乐）；但是，我们没有禁止异端的法律，即禁止对全民思想的毒害（只有成功杰出之人才有可能毒害全民的思想）。贵族统治的弊端不在于它必然导致贵族强加给人一些苦难，或必然导致不幸之人的苦难；贵族统治的弊端在于它将一切置于一个阶级的手中，这个阶级始终能够将自己从来不能够承受的东西强加在别人身上。不管他们强加的东西是出于善意还是恶意，他们都同样变得轻薄。我们批评现代英国统治阶级的理由根本不是它自私，如果愿意，你可以说英国寡头统治者无私得令人难以置信。我们批评他们的理由只是，当他们为所有人立法时，他们总是将自己排除在外。

我们在宗教上不民主，我们作出各种努力想要"提拔"贫穷人，这即是证明；我们在国家管理上不民主，我们天真地试图把他们管理好，这即是证明。但最重要的是，我们在文学上不民主，每个月我们都有大量有关穷人的小说和对穷人的严肃研究源源不断地出版，这即是证明。这类的书越"时髦"，就越可以肯定它缺乏民主的情感。

穷人就是没有多少钱的人，这个定义很简单，我们似乎没有下定义的必要。但是，在现代大量的事实和虚构的故事面前，这个定义似乎非常必要，因为大多数现实主义者和社会学家谈论起穷人时，仿佛穷人是一条章鱼或是一只短吻鳄。我们没有必要研究贫穷心理学，正如我们没有必要研究坏脾气心理学、自负心理学、动物情绪心理学一样。一个人无须受到侮辱，只要是人就可以对受侮辱之人的感受有所了解；一个人无须变成穷人，只要是人就可以对穷人的感受有所了解。因此，对任何一位描绘贫穷的作家，我首先反对他的是：他研究了自己的对象。他若是一位民主主义者，不用研究他就会想象到贫穷。

对出于宗教、政治或社会的目的去贫民区，人们已经提出了很多尖锐的批评，但最可鄙的无疑是出于艺术的目的去贫民区。传教士对卖水果的小贩感兴趣，至少应该是因为小贩是人；政治家在某种悲观、反常的意义上对卖水果的小贩感兴趣，是因为小贩是公民；唯有可鄙的作家对卖水果的小贩感兴趣，仅仅是因为他是小贩。尽管如此，只要作家只是在寻找印象，换言之，只要他是在临摹，那么他所从事的工作虽然乏味，但仍然是诚实的。但是，一旦他努力想要表明，他是在描绘卖水果小贩的精神内核，描绘他朦胧的罪恶和微妙的美德，我们就必须抗议，说他的宣称是愚蠢的，必须提醒他，说他不过是一个记者。从心理学的角度来看，他的权威甚至远不及那位愚蠢的传教士，因为他是字面意义上和引申意义上的记者，而传教士是一位永恒主义者。传教士至少假装对人自始至终的命运有一种看法，记者只是假装对人每一天的命运有一种看法。传教士来告诉那位穷小贩说，他的境况与所有人一样；记者来告诉其他人说，那位穷小贩的境况与其他人是多么的不同。

如果以贫民窟为题材的现代小说（如，亚瑟·莫里森①的小说，萨默塞特·毛姆②那些显示出他非凡才智的小说）其目的是要耸人听闻，我只能说那是个很好、很合情合理的目的，并且它们达到了自己的目的。就像接触冷水一样，耸人听闻——令想象力震惊——总是一件令人振奋的好事。毫无疑问，人们永远会在研究偏远民族、异域民族的古怪行为中（当然还用其他方式）寻找这种耸人听闻的感觉。在 12 世纪，人们从阅读有关非洲的狗头之人的书籍中获得这种感觉；在 20 世纪，人们从阅读有关非洲的猪头布尔人的书籍中获得这种感觉。我们必须承认，20 世纪的人绝对要比 12 世纪的人更加轻信，因为，关于 12 世纪的人，我们没有这方面的记载说他们单纯为了改变非洲人头部那种独特的形状而发动一场血腥的十字军东征。但是，也许是由于所有这些怪物都已经从大众神话中消失了，为了让我们对外在怪异的事物始终保持一种幼稚胆怯的惊讶，我们现在有必要在小说中创造一个浑身长毛的可怕的伦敦东区人的形象。然而，中世纪人（他们具备的常识远超过了我们今天所乐意承认的）更愿意视博物学本质上为一种玩笑，视灵魂为极其重要。因此，虽然他们有狗头之人的博物学，但从未自称有狗头之人的心理学。他们没有自称反映了一个狗头之人的思想，知晓了该人最敏感的秘密，或与他最神圣的沉思一起上升。他们没有写关于半人半犬动物的小说，赋予它一切最古老的病态和一切最新潮的时尚。我们如果想让读者惊跳起来，将人描绘为怪物是可以的，而让任何人都惊跳起来始终是基督教的一种做法。但是，将人描绘为视自己为怪物或使自己惊跳起来，这是不可以的。概括来说，我们现在以贫民窟为题材的小说作为审美小说是完全站得住脚的，但作为贫民的精神实录却站不住脚。

---

① Arthur Morrison（1863—1945），以描写伦敦贫民区的小说最为著名，这类小说有：《陋巷故事》(1864)、《杰戈河的孩子》(1896) 等。
② Somerset Maugham，其最著名的一些小说写于 1905 年之后，但此前他以自己学医的经历为背景，写作了一本有关博物学的小说——《兰贝斯的丽莎》(1897)。

一个巨大的障碍影响了这种小说的真实性。这种小说的作者和读者都属于中产阶级或上层阶级,他们至少可以宽泛地被称为受过教育的阶层。因此,它所反映的生活是文雅人眼中看到的生活,这一事实即证明它不可能是粗俗人所过的真实生活。富人写有关穷人的小说,在他们的笔下,穷人说话迟钝、声音沙哑、粗声粗气。然而,穷人若写有关你我的小说,在他们的笔下,我们说话的声音将会显得滑稽、做作、尖声尖气,只有三幕笑剧中的公爵夫人才会用这种声音说话。以贫民窟为题材的小说家之所以能够达到其效果,完全是由于小说的某个细节对读者而言是陌生的,但那个细节就其本身而言不可能是陌生的。对作家声称自己正在研究的那个人而言,它不可能是陌生的。以贫民窟为题材的小说家描述灰色的雾霭笼罩着肮脏的工厂,同样灰色的雾霭笼罩着肮脏的小酒馆,他们通过这样的描述以达到其效果。但对他正在研究的对象而言,工厂与小酒馆之间有着天壤之别;正如对中产阶级的人而言,午夜在办公室加班与在帕格尼餐馆(Pagani's)享用晚餐之间有着天壤之别一样。以贫民窟为题材的小说家满足于指出,在他自己那个阶层的人眼中,鹤嘴锄是脏的,白镴锅是脏的。但是,在他正在研究的对象看来,二者之间截然有别;正如在一个办事员看来,分类账与精装书之间截然不同一样。生活的明暗对照法不可避免地失去了,因为在我们看来,光线最强处和阴影都是浅灰色的;但在贫民的生活中,光线最强处和阴影不是浅灰色的,正如在其他人的生活中,它们不是浅灰色的一样。真正能够表现穷人的欢乐的人是能够分享他们的欢乐的人。简言之,以贫民窟为题材的小说,记录的不是贫穷心理学,而是财富和文化心理学——与贫穷接触时财富和文化的心理学。它们描绘的不是贫民窟的状况,只是访问贫民窟之人非常无知、可怕的状况。

　　对这些现实主义作家本质上冷漠无情、不得人心的这种特点,我们可以举出无数个例子,但最简单、最显然、我们可以用来作为总结的一个例子也许是:他们是现实主义的作家这个事实本身。穷人有很多其他缺点，但至少他们从来都不是现实主义的，穷人骨子里像传奇剧那样夸张、浪漫。穷人都信奉老生常谈的道德教诲、老套平庸的箴言，"贫穷的人有福了"这句名言的根本含义也许就在此。贫穷的人有福了，因为他们总是使生活，或者说极力使生活变得像阿黛尔菲剧院（Adelphi）① 上演的戏剧。大众喜欢耸人听闻的廉价小说胜过喜欢科学论文，喜欢传奇剧胜过喜欢社会问题剧，一些天真的教育学家和慈善家（甚至慈善家都有可能是天真的）对此感到十分惊奇。原因很简单，现实主义小说无疑比传奇剧更具艺术性。如果你想要的是对情节灵巧的处理、结构巧妙的相称、艺术氛围的协调，那么现实主义小说绝对胜过传奇剧。在一切轻松、欢快、装饰性的方面，现实主义小说都绝对胜过传奇剧。但传奇剧至少在一个方面绝对胜过现实主义小说，那就是：传奇剧远比现实主义小说贴近生活，传奇剧更贴近人，尤其是穷人。在阿黛尔菲剧院上演的戏剧中，如果一个穷妇人说"你想我会卖掉自己的亲骨肉吗"？这会显得极其平庸、缺乏艺术性。但是，巴特西公路上的穷妇人确实说"你想我会卖掉自己的亲骨肉吗"？她们一有机会就说这话，沿街走过，你一路上都能听到这样的喃喃自语或唠叨。在戏剧中，一个工人冲着自己的老板说"我是人"，（若仅论艺术）这种戏剧艺术非常陈腐、缺乏表现力，但是一个工人在一天当中确实要说两三次"我是人"。实际上，在舞台脚灯背后听到穷人传奇剧式夸张的言语，我们可能会感到乏味，但那是因为在外面大街上我们总能听到他们这类的言语。简言之，如果说传奇剧乏味，那是因为它太过真实而让人觉得乏味。有关小学男生的小说也存在同样的问题。若论有趣，吉卜林的《斯托基公司》比已故法勒教长② 的《埃里克，又名：涓滴成河》要有趣得多。但是，后者要贴近真实的学校生活无数倍，因为真实的学校生活、男孩子真实的童年充满着《埃里

---

① 阿黛尔菲剧院位于斯特兰德（Strand），以传奇剧著名。
② Frederic William Farrar（1831—1903），教士，后来任坎特伯雷教长，1858 年创作了这部反映小学男生生活的小说。

克》所充满的东西——自命不凡、天然的虔诚、愚蠢的罪、不断地试图作出英雄壮举却又屡屡失败，简言之，充满着传奇剧。如果我们真希望为一切帮助穷人的努力打下坚实的基础，我们就千万不要像现实主义小说那样，从外面看穷人；我们一定要像传奇剧那样，从里面看穷人。小说家千万不要拿出笔记本说："我是专家。"不，他应该模仿阿黛尔菲剧院上演的传奇剧中的那位工人，捶着自己的胸脯说："我是人。"

第二十章 结语：论正统的重要性

我们对人类思想是否会进步这个问题讨论得太少，因为没有什么比将我们的社会观建立在一个可辩论却又未被辩论的理论之上更危险的了。然而，即便我们为讨论起见假定人类思想本身在过去曾经有过进步，或未来将有所进步，我们仍然可以对现代的思想进步观提出强烈的异议。现代思想进步观的缺陷在于，它总是与挣脱束缚、消除界限、摒弃教义关联。但是，如果确实存在思想的进步，那么这种进步一定是指获得越来越明确的信念以及越来越多的教义。人的大脑是供下结论之用的机器，若不能下结论，大脑便生锈了。当我们听说某某人太聪明了以至于什么都不相信时，我们听到的几乎是一句自相矛盾的话。这就如同听说一枚钉子太结实了以至于不能固定一块地毯，或一个门闩太牢了以至于不能把门关严一样。我们不能效仿卡莱尔，将人类定义为创造工具的动物，蚂蚁、海狸以及很多其他动物都为自己的生存打造洞穴，从这个意义上说它们也创造工具。人类可以被定义为创造教义的动物。当人类往庞大的哲学和宗教体系中堆积一条又一条的教义、一个又一个的结论时，他才在以上定义唯一真正的意义上越来越成为人。当他在高雅脱俗的怀疑主义中抛弃一条又一条的教义，当他拒绝认同任何一个体系，当他说自己已经成熟，不需要任何定义，当他说自己不相信决定性，当他想象自己如同上帝坐在那里，不持守任何形式的信条，只是注视一切时，他也就在这个过程中慢慢地坠回到流浪的动物那种模糊的意识中，坠回到草木的那种无意识中。树木没有教义，芜菁异常地心胸开阔，能够接纳其他的思想。

我再说一遍，假如存在思想进步，那种进步一定体现在构建一种明确的人生观上。那种人生观一定是正确的，其他的人生观一定是错误的。对我在本书中简要探讨的那些富有才能的现代作家，有一点尤其是真的，很令人高兴，即他们当中所有人或几乎所有人都持一种积极、肯定的观点，他们很看重自己的观点，也要求我们看重其观点。鲁德亚德·吉卜林对进步绝不只是持不可知论的态度；萧伯纳绝非心胸开阔，能够接纳他人的思想；洛斯·迪金森信奉的异教比任何宗派的基督教都更严肃；甚至 H.G. 威尔斯的机会主义也比任何其他人的理想主义都更教条。我记得有人曾向马修·阿诺德抱怨，说他变得像卡莱尔一样教条，阿诺德回答道："也许是的，但你忽视了一个明显的区别：我教条，但我的观点是正确的；卡莱尔教条，但他的观点是错误的。"我们不应该让阿诺德回答中的那种强有力的幽默掩盖了其中蕴涵的常识及永远的严肃性。一个人若非认为自己正确、对方错误，就不应该写作、甚至说话。与阿诺德一样，我也认为我教条，但我是正确的；萧伯纳先生教条，但他是错误的。然而，我现在的主要目的是要指出，我探讨的这些作家，他们大多数都非常明智、勇敢地表明自己是教条主义者，是某个体系的创立者。萧先生最令我感兴趣之处是他是错误的这个事实，这样说也许是对的；但是，萧先生最令他自己感兴趣之处是他是正确的这个事实，这样说同样也是对的。萧先生也许除了自己之外没有其他支持者，但他关心的不是自己，他关心的是那个巨大的、普世的"教会"，他是这个"教会"唯一的成员。

我在此提到的、本书也以他们的名字开场的那两位典型的天才人物是非常有代表意义的，这至少是因为他们证明：最狂热的教条主义者可以成为最杰出的艺术家。在 19 世纪末颓废的背景下，人人都高喊文学应该脱离一切事业、一切伦理信条，艺术只应该创造精美的作品，要求杰出的戏剧、杰出的小说是那个时代典型的特征。19 世纪末的人得到了这些作品，他们是从几位道德主义者那里获得的。最好的短篇小说出自一位极力宣扬帝国主义的作家之手,最好的戏剧出自一位极力宣扬社会主义的作家之手,与作为政治宣传副产品的艺术相比,所有艺术家的所有艺术都显得微不足道、冗长乏味。

原因其实很简单:一个人若没有聪明到想当哲学家的地步,也就没有聪明到成为伟大的艺术家的地步;一个人不可能有力量创作好的艺术,设若他没有力量希望超越这一点。名不见经传的艺术家以艺术为满足,伟大的艺术家若非拥有一切便不会满足。因此我们发现,当像吉卜林、萧伯纳这些真正有能力的人(不论他们是好是坏)进入艺术领域时,他们不仅带来了令人吃惊、引人注目的艺术,而且还带来了非常令人吃惊、引人注目的教义。他们对自己令人吃惊、引人注目的教义的关注,甚至超过了对自己令人吃惊、引人注目的艺术的关注,并且希望我们也如此。萧伯纳是一位杰出的戏剧家,但他最渴望成为的是一名杰出的政治家。就其天赋和天生的反复无常而言,吉卜林是一位不落俗套的诗人,但他最渴望成为的是一位传统的诗人。他渴望成为本国人民的诗人,成为他们骨中的骨、肉中的肉,熟知他们的起源,赞美他们的命运。他渴望成为桂冠诗人,这是一份非常高尚、合情合理、具有公益精神的渴望。因为众神赐予了他创见,即处处与他人观点不一,他极度地渴望能够与他人意见一致。然而我认为,最突出的例子,比萧伯纳和吉卜林还要突出的例子,是 H. G. 威尔斯。他开始时处于一种荒唐的纯艺术的初期阶段,以男人买新领带或买别在扣眼上的花时那种不负责任的冲动创造一个新天新地,拿星辰、星系开玩笑,为的是制造一些昙花一现的奇闻轶事,杀死宇宙以逗乐。自那以后他变得越来越严肃,像变得越来越严肃的人不可避免的那样,他也变得越来越目光狭隘。他对众神的黄昏抱轻薄的态度,但对伦敦的公共汽车却抱严肃的态度。他写作《时光机器》时漫不经心,因为那部作品讨论的只是万物的命运,但在写作《创造中的人类》时却很认真,甚至小心谨慎,因为那部作品讨论的是后天。他的创作以世界的终结开始,那很容易,现在他发展到去写世界的开始,这很难。但这一切所带来的主要结果与其他作家是一样的。真正成为大胆的艺术家、现实主义的艺术家、坚定不屈的艺术家的人,是那些最终证明是在"别有用心"地写作的人。假定有一位冷静、愤世嫉俗的艺术评论家,他坚信艺术家只有在创作纯艺术时才最伟大;假定有一个人,他像马克斯·比尔博姆那样成功地宣扬了人道的唯美主义,或像 W. E. 亨利(W. E. Henley)那样成功地宣扬了残忍的唯美主义。假定这样的人去概览 1895 年新出版的所有小说,我们请他选出三位最有活力、最有前途、最富独创性的艺术家及其最具艺术性的作品,我想,他无疑会说,就艺术上的大胆、真正艺术的精美或真正艺术上的新颖而言,位居前三名的是吉卜林的《士兵三人》、萧伯纳的《武器与人》和威尔斯的《时光机器》。这三位作家都表明了自己彻头彻尾地爱好说教。如果愿意,你也可以这样说:想要教义,就去找艺术家。但从心理学的角度来看,以上说法显然是不正确的,正确的说法是:想要比较大胆活泼的艺术,就必须去找教条主义者。

因此,在结束本书之际,我首先要请求大家,不要把本书中提到的那些作家视为艺术家,并以此侮辱他们。任何人都无权停留在只欣赏萧伯纳的著作上,倘若如此,他不妨去欣赏法国人对自己国家的入侵。萧先生写作有两个目的:或说服我们,或激怒我们。若非政治家——宣扬帝国主义的政治家,任何人都谈不上是吉卜林的追随者。一个人若在我们心中占首要地位,原因一定是在他心中占首要地位的那个东西。一个人若说服了我们,他一定是借助自己的信念说服了我们。我们若出于自己的政治情感讨厌吉卜林的一首诗歌,那么,我们讨厌它的理由就与诗人喜爱它的理由相同。我们若因为他的观点不喜欢他,那么,这就是我们不喜欢他的最好理由。一个人若进海德公园来说教,我们高声喊叫反对他是允许的,但是,把他当作一头表演把戏的狗熊来冲他鼓掌是不礼貌的。与一个认为自己有观点需要发表的最平庸的人相比,艺术家只是一头表演把戏的狗熊。

在这个问题上，确实有一类现代作家和思想家我们不能一概忽视，尽管在此限于篇幅，我们对他们不能详细阐述（说老实话，若是详述，那大部分将是辱骂）。我指的是那些人，他们借助谈论"真理的不同方面"，跨越了一切思想鸿沟，平息了一切思想大战。他们说，吉卜林的艺术代表了真理的一个方面，威廉·沃森①的艺术代表了真理的另一个方面；萧伯纳的艺术代表了真理的一个方面，坎宁安·格雷厄姆②的艺术代表了真理的另一个方面；H.G.威尔斯的艺术代表了真理的一个方面，考文垂·帕特莫尔③的艺术代表了真理的另一个方面。在此我只想说，我认为这是回避问题，这种回避甚至没有想到用言语巧妙地伪装自己。如果我们说某个东西是真理的一个方面，那么显然我们宣称自己知道什么是真理，正如说到一条狗的后腿时，我们宣称自己知道什么是狗一样。不幸的是，谈论真理的不同方面的哲学家通常也问："什么是真理？"甚至他也常常否认真理的存在，或说真理是人的知性无法参透的。既然如此，他怎么能够认出真理的各方面呢？我可不愿意做这样一位艺术家：拿着一张设计图纸到建筑商那里，对他说："这是海景别墅的南面，当然，海景别墅不存在。"在此类情形下，我甚至不太愿意被迫作这样的解释：海景别墅也许存在，但却是人类的思维无法想象的。我也同样不愿意做这样一位荒唐拙劣的玄学家：声称自己到处都能看到真理的各方面，而那个真理本身却不存在。当然，很显然，吉卜林、萧伯纳、H.G.威尔斯的著作中都存在真理，但是我们能够在多大程度上看出这些真理，这完全取决于我们自身对何谓真理有一个怎样明确的认识。认为我们越持怀疑的态度，就越能看到万物之中的善，这是极其荒谬的。显然，我们越确信何谓善，就越将看到万物之中的善。

---

① William Watson (1850—1935) 因他的诗歌而声名显赫，被封为爵士，人们认为1896年的桂冠诗人显然非他莫属，但主要因为他反对布尔战争，这一称号最终落到阿尔弗雷德·奥斯汀的头上。
② R. B. Cunningham Grahame (1852—1936)，基于自己在世界偏远地区的冒险经历，写下了很多部著作。
③ Coventry Patmore (1823—1896)，主要创作婚后爱情和宗教主题的诗歌。

因此我恳求大家，要么赞同，要么反对这些作家。我恳求大家至少在一点上与这些作家一致，那就是：持守一种抽象的信仰。但我也知道，在当今世界，人们对持守一种抽象的信仰有很多不甚明确的反对意见，我认为，只有在讨论了一些反对意见之后，我们才能够有所进展。第一个反对意见很容易陈述。

对偏激信念的作用，当今人们所持的普遍疑虑是：偏激的信念，尤其是在宇宙问题上的偏激信念在过去导致了所谓的偏执。然而，一点点直接经验就会消除这种疑虑。在真实生活中，最执拗的人是根本没有任何信念的人。那些不赞成社会主义的曼彻斯特学派经济学家很重视社会主义；认定这些社会主义者是在小题大做的，是邦德街上既不知道何谓社会主义，更不知道自己是否赞成社会主义的年轻人。充分了解并赞同加尔文主义思想的人，必须了解天主教思想才能对它加以反对。坚信但丁是错误的人，是没有任何明确观念、根本不确信何谓正确的现代人。历史上真心反对拉丁教会的人，即便在证明拉丁教会恶贯满盈时，也一定知道拉丁教会造就了伟大的圣人。坚信所有拉丁教会的神甫都是恶棍的人，是既不了解任何历史也不信奉任何宗教的固执的股票经纪人。位于大理石拱门下的救世军也许偏执，但没有偏执到不愿与教会游行队伍中身着华丽教袍的主教为友的地步，因为"本为同根生"，救世军渴望与他们为友。但是，那些身着华丽教袍的主教却如此偏执，根本不愿与位于大理石拱门下的救世军为友。偏执大致可以定义为无思想之人的愤怒，它是一大批思想极其不明确之人对明确的思想的抵制。我们可以称偏执为毫不在意之人骇人的疯狂，毫不在意之人这种骇人的疯狂确实非常可怕，它制造了各种大规模的广泛蔓延的迫害。从历史来看，在这种程度上施加迫害的，不是在意之人，在意之人的数目不够大。让世界充满火与压迫的，是毫不在意之人，是毫不在意之人的手点燃了柴捆，是毫不在意之人的手转动了肢刑架。历史上曾经有过一些迫害是出于一种为激情燃烧而痛苦的确信，但是，这带来的不是偏执，而是狂热，它与偏执相差甚远，某种程度上还令人钦佩。总体来说，偏执一向都体现在毫不在意之人秘密血腥地屠杀在意之人的无限权力上，这种权力无所不在。

然而，有些人挖掘到更深的层次，追究到教义可能产生的罪恶。很多人认为，坚定的哲学信念虽然（像他们所认为的）不产生所谓偏执这种不良的、本质上轻薄的状况，但它确实会产生一种专注、夸张和道德上的渴望，我们也许同意称这种状况为狂热。简言之，他们说思想是危险之物。例如在政治上，人们在极力反对贝尔福或约翰·莫利①这类人物时，通常都说思想丰富是很危险的。关于这一点，正确的观点无疑也不是很难陈述。思想是危险的，但最不受思想威胁的恰恰是拥有思想的人，他熟悉思想，就像驯兽师一样在其间自由地走动。思想是危险的，但最受思想威胁的是没有思想的人，他发现第一个念头闪进自己的头脑就像酒冲上绝对戒酒者的脑门一样。我认为在我们这个时代，在我自己党派那些激进的理想主义者中普遍存在一个错误，即他们暗示商人和金融家会对帝国造成威胁，因为这些人是如此的自私贪婪或如此的看重物质。实际上，商人和金融家会对帝国造成威胁，是因为他们对任何情感都有可能多愁善感，对任何理想——任何在自己身边存在的理想——都有可能理想主义。一个对女性了解不多的男孩子，在遇到一个女人时非常容易倾向于将这个女人当成他的白雪公主；同样，因为不习惯各种事业，这些注重实际的商人和金融家也总是倾向于认为，一个东西若被证明是一种理想，那么它也就被证明是终极理想。例如，很多人公开宣称自己追随塞西尔·罗得斯是因为他有一个理想。他们倒不如因为他长着鼻子而追随他，一个不梦想完美的人就如同一个没有鼻子的人一样，是个怪物。在谈到这类人物时，人们几乎兴奋地窃窃私语："他清楚自己的

---

① John Morley（1838—1923），自由党政治家、文人，曾为一些文学界和政界人物（特别是格莱斯顿）撰写传记。

思想。"这与同样兴奋地窃窃私语说"他用自己的鼻子呼吸"没什么两样。没有一个希望和目标,人的本质就无法维持下去,正如旧约明智正确地说到的:没有异象,以色列民族就会灭亡。正因为理想对于人必不可少,所以没有理想的人永远面临着陷入狂热主义的危险。没有什么比培养商业习惯更容易让一个人随时可能受到错误理想的突然袭击而无法抵御的了。大家都听说过头脑僵化的商人,他们认为地球是扁平的,认为保罗·克鲁格①是一个强大的军事专制政府的首脑,认为人是食草动物,认为莎士比亚的作品实际上是培根所作。宗教和哲学信念确实像火一样危险,没有什么能够夺去它们身上那种危险之美。但唯有一种办法能够保护我们,使我们真正免除这些信念所带来的过分危险,那就是沉浸在哲学之中、浸泡在宗教之中。

我们简单地驳斥了偏执和狂热主义这两种对立的危险,偏执是一种极其过分的模糊,狂热主义是一种极其过分的专注。我们说治疗偏执者的良方是信仰,治疗理想主义者的良方是思想。在我们看来,了解一流的存在理论,从中选择最好的(即对我们自己坚定的信念最有益的理论),这似乎可以使我们很好地避免成为偏执者或狂热主义者,而成为一个比偏执者更坚定、比狂热主义者更可怕的人——一个具有明确观点的人。但是,那种明确的观点一定要始于人类思想的基本内容,我们不能将这些基本内容斥为无关之物。宗教在我们这个时代就常常被斥为无关之物,即便我们认为宗教是无法解释的,我们也不能认为它是无关的。即便我们自己对终极真理不持任何观念,我们也一定要想到,只要这种观念存在一个人的心中,它就一定比他心中的其他一切都更重要。事物一旦不再是不可知的,它就变为不可或缺的。

我想,毫无疑问,在我们这个时代有人认为,抨击一个人的宗教或

---

① Paul Kruger(1825—1904),南非政治领导人,曾担任四界德兰士瓦共和国总统,强烈抵制塞西尔·罗得斯要建立一个统一的南非的方案。

从宗教的角度辩论政治或伦理问题，这样做未免有点狭隘、不相关，甚至卑鄙。但同样毫无疑问，指责这样做是狭隘，这种指责本身就狭隘得近乎荒谬。我们可以以较近时期发生的事件为例。大家都知道，我们常常视一个人为偏执和蒙昧主义的稻草人，因为他以日本人是异教徒为由不相信他们，哀叹日本的崛起。然而，因为一个民族与我们在实际生活或政治机构上存在差异就不相信这个民族，没有人会认为这种观念有何过时或狂热。一个人在谈到某个民族时说："我不相信他们的影响，因为他们是贸易保护主义者"，没有人会认为这是偏执。一个人说："我哀叹他们的崛起，因为他们是社会主义者，或曼彻斯特派的个人主义者，或坚定的军国主义和强制征兵者"，没有人会认为这是狭隘。在议会的本质上意见有分歧，这种分歧非常重要；但是，在罪的本质上意见有分歧，这种分歧根本无关紧要。在税收的目的上意见有分歧，这种分歧非常重要；但是，在人存在的目的上意见有分歧，这种分歧根本无关紧要。我们有权不相信一个居住在另外一种城市中的人，但是我们无权不相信一个生活在另外一种宇宙中的人。这种启蒙无疑是对我们所能想象的最愚昧之人的启蒙。回到我前面使用的说法，这相当于说：除了一切之外，一切都很重要（everything is important with the exception of everything）。宗教正是那个不能被除外的东西，因为它包括了一切。最心不在焉的人也不可能精心收拾好自己的格莱斯顿包（Gladstone-bag），然后把它落掉。不管我们是否喜欢，我们对存在都有一个总体的看法；不管我们是否喜欢，这种看法都会改变——更准确地说，都会导致并涉及——我们一切的言语或行动。我们若视宇宙为一场梦幻，我们也就视政府的财政问题为一场梦幻；我们若视宇宙为一个玩笑，我们也就视圣保罗大教堂为一个玩笑。如果一切皆恶，那么我们也必须认为（倘若可能）啤酒也是恶的；如果一切皆善，我们就被迫得出这样一个颇为荒诞的结论，即"科学的慈善"也是善的。每一个普通人必定都持守一种形而上学的理论体系，并且坚定地持守它。最大的可能是，他可能持守得如此坚定、如此之久，以至于全然忘记了它的存在。

最后提到的这种状况无疑是可能的，实际上，这就是整个现代世界的状况。现代世界充满了这种人，他们如此坚定地持守教义，以至于竟然不知道它们是教义。我们甚至可以说，现代世界作为一个共同体如此坚定地持守某些教义，以至于不知道它们是教义。例如，在有些被视为进步的圈子中，设想人在彼岸世界会变得更好或完美被认为是"教条主义"；但是，设想人在此岸世界会变得更好或完美却不被认为是"教条主义"，尽管这种进步的观点与不朽的观点同样无法证明，从理性主义的角度来看同样不可能。进步碰巧是我们这个时代的一个教义，教义指的是一个不被视为教条主义的东西。换一种说法：自然科学理论认为，我们应该为事实而搜集事实，即便这些事实似乎与枯枝稻草一样无用。这种理论激发了人们的灵感，无疑也极其令人惊讶，但我们并不认为它有何"教条主义"之处。它很了不起，富有启发性，如果愿意，你也可以说它会证明自身的功用。但在理论上，其功用与求告圣贤、去圣所求问（这种做法据说也可以证明自身的功用）一样是可质疑的。因为我们不置身于一种坚信圣贤、圣所的文明当中，所以我们看出了那些为寻找基督的坟墓而献身之人的彻底疯狂。但是，置身于一种相信为事实而搜集事实这一教义的文明当中，我们没有看出那些为寻找北极而献身之人的彻底疯狂。我并非在谈一种合理的终极的功用，就十字军东征和极地探险而言，这种功用是实际存在的。我的意思只是说，人们随同军队横跨一座大陆去征服一个人的葬身之地，我们看到了这一想法中的那种浅薄、唯美主义的特点，看到了其令人惊讶的性质。但是，人们为了寻找一个无人能够生存之地——一个人们之所以感兴趣，只是因为它被认为是不存在的几条线的会合之处——而痛苦地丧生，我们没有看到其唯美主义的特点和令人惊讶的性质。

那么，就让我们踏上漫长的旅途、开始一次可怕的探索吧，至少，让我们来挖掘寻找，直到发现自己的观点吧。我们真正持守的教义远比我们认为的要奇异美丽。在本书中，我可能不时地提及理性主义和理性主义者，并且是在一种贬低的意义上提及他们。一个人在结束每一项工作（甚至在结束一本书）之际，都应当心存善意，我现在心中就充满了这种善意，我要向那些理性主义者道歉，甚至为自己这样称呼他们道歉。不存在理性主义者，我们都相信童话，并且生活在童话当中。有些人具有极其高超的文学天赋，相信那位身披日头的妇人①的存在；另一些人，像麦卡比先生，生性更加质朴、调皮，只相信那难以置信的太阳本身。有些人相信上帝存在这一无法论证的教义；另一些人相信隔壁邻居存在这一同样无法论证的教义。

真理一经辩论即变成教义，因此每一位发出疑问之人都定义了一种宗教。当代的怀疑主义其实并没有摧毁信仰，反而创造了信仰，它划定了信仰的界限，赋予了信仰明确的、挑战性的外形。我们这些自由党人以前认为自由主义是自明之理，不经意地持守这一观念；如今自由主义遭到辩论，我们便把它当作信仰拼命地持守。我们这些信奉爱国主义的人以前认为爱国主义是合乎理性的，对它很少多加考虑；如今我们知道爱国主义是不合理性的，并且知道它是正确的。在反基督教的作家向我们指出之前，我们这些基督徒从来不知道道成肉身这一神秘当中内在蕴涵的那个伟大的哲学常识。摧毁思想的长征会继续下去，一切都将遭到否定，一切都将成为信条。否认大街上石头的存在，这是一种合理的见解；宣称这些石头存在，这将成为一个宗教教义。说我们都处于梦幻当中，这是一个合理的论点；说我们都是醒着的，这将是一种神秘的清醒。人们将燃起战火来证明二加二等于四，人们将以刀剑相见来证明夏天的树叶是绿色的。我们将来不仅要为人类生活中那些不可思议的美德和明智之举辩护，还要为更加不可思议的东西辩护，那就是这个直视我

---

① "身披日头的妇人"取自圣经《启示录》12：1，很可能喻指上帝的选民（参见《圣经·启导本》的解释）。——译者注

们的、难以置信的浩瀚宇宙。我们将为可见的神迹奇事而战,仿佛它们是不可见的。我们将以奇特的勇气观看这些不可思议的绿草与天空。我们将跻身那些看见且相信之人的行列。

译 后 记

汪咏梅

单就外表而言，G.K.切斯特顿（Gilbert Keith Chesterton，1874—1936）就是一位极富戏剧色彩的人物。他身高一米九三，体重一百三十公斤，常常头戴一顶皱巴巴的礼帽，身披斗篷，嘴叼雪茄，手持剑杖，怀揣一把匕首及荷弹的左轮手枪。想一想他以这样一副行头走在伦敦街头会是怎样的一道风景吧。

切斯特顿出生于伦敦，先后就读于闻名遐迩的斯莱德艺术学校（Slade School of Fine Art）与大学学院，攻读艺术和文学，但均未卒业。尽管如此，他却集文学家与社会评论家、辩论家、历史学家、剧作家、小说家、天主教神学家与护教学家于一身，一生著书79部、短篇小说200篇、杂文4000篇、戏剧若干部、诗歌数百首。切斯特顿一生的半数时光都消磨在为几家报纸（包括他自己的周刊）撰写专栏文章上，有些人称他为"没有留下杰作的杰出作家"。他的散文俏皮而隽永；文学批评类的作品自然流畅，《罗伯特·布朗宁》、《查尔斯·狄更斯》、《罗伯特·路易斯·斯蒂文森》等都超过了许多学究式评论家的著作；他的护教学著作《回归正统》、《永恒之人》帮助了像C.S.路易斯那样决意要做无神论者的人皈依了基督教；他的以布朗神父为主角的系列侦探小说，至今仍深受欢迎。

切斯特顿天生幽默，喜爱辩论，但又极其善良。虽然对当时英国文化界里程碑式的人物——吉卜林、萧伯纳、H.G.威尔斯等人的哲学极尽批驳之能事，他却与他们当中一些人保持着终生的友谊，忠实地履行了基督教关于恨罪但不恨罪人的教导。他常常于公开辩论会上将对手驳斥得体无完肤，将听众逗得捧腹大笑后，盛情邀请对手去酒吧庆贺，并致以最诚挚的敬意。C.S.路易斯曾说他最喜欢切斯特顿的就是他的善和那种与论证不可拆分的幽默——"那不是点缀在文中的'笑话'（如蛋糕中的葡萄干），而是逻辑论证自身'绽放出的花朵'。"①

切斯特顿出生于维多利亚时代晚期伦敦的一个中产阶级家庭。按照他的说法，当时的社会伦理和宗教信仰已经日薄西山，他自己的家庭也没有持守正统的基督教信仰，倾向于不可知论，在教义上态度颇为"开明"。和C.S.路易斯一样，他年轻时也曾叛教，一度痴迷于神秘学，深陷悲观主义和绝望之中，几乎到了精神崩溃和自杀的边缘。拯救他走出悲观主义的是他自己发明的一个简单的理论："即便是单纯的存在，降低到最基本限度的存在本身，也已是非同寻常，足以令人振奋了。与'虚无'相比，任何存在都是宏伟壮丽的……我靠着一丝感恩的细线，维系在信仰的残片上。"②在基督教中，切斯特顿发现了解决人生困境和悖论的答案。在妻子以及好友——诗人与散文家、天主教徒贝洛克（Hilaire Belloc）——的影响下，他于1922年由英国国教皈依了天主教。

《异教徒》出版于1905年，是切斯特顿的社会评论集。借助分析异教徒及其宣扬的思想，切斯特顿实际说明了正统所暗含的内容，指出了正统的重要性。书中批评的异教徒包括英国当时文学界、艺术界、报刊界、政治界一些著名的人物——吉卜林、萧伯纳、H.G.威尔斯、乔治·穆尔、洛斯·迪金森、詹姆士·惠斯勒等，所批评的思想包括帝国主义、种族主义、世界主义、现实主义、相对主义、怀疑主义、唯美主义、自我中心主义、"超人"学说，等等。

切斯特顿首先批评了一个奇怪的现象，即现代人以自己是异教徒为荣。

"异端"这个词现在非但不再意味着错误，实际上还意味着头脑

---

① C. S. Lewis, *Surprised by Joy* (London: HarperCollins Publishers, 2002), p.221.
② G. K. Chesterton, *Autobiography* (London: Hutchinson & Co., 1937), p.94.

清醒、勇气十足。"正统"这个词现在非但不再意味着正确，实际上还意味着错误。所有这些只能说明一点，那就是：人们现在不太在意自己的人生哲学是否正确了。

强调人生哲学或曰信仰的重要性贯穿了《异教徒》的始终。现代世界最流行的理论之一便是价值相对主义。很多人认为，何谓真正正确的人生，何谓真正的好人，这些问题不存在标准答案，"金规则就是不存在金规则"（萧伯纳）。切斯特顿则认为，人之为人的标志就在于能够概括归纳，"每一个普通人必定都持守一种形而上学的理论体系，并且坚定地持守它。最大的可能是，他可能持守得如此坚定、如此之久，以至于全然忘记了它的存在。"切斯特顿一针见血地指出：现代流行的每一个词汇、每一种理想——自由、进步、教育等都只是托词，旨在回避"何为善"这个问题，现代的进步观总是与挣脱束缚、消除界限、摈弃教义相关联。当人在高雅脱俗的怀疑主义中抛弃一条又一条的教义，拒绝认同任何一种体系，不持守任何形式的信条时，他实际上就与只具有模糊的意识的动物甚至无意识的草木无异。

年轻时那段幽暗的人生经历使切斯特顿对生命的存在始终怀有一种深深的敬畏，《异教徒》对流行于19、20世纪之交的"超人"哲学的批判即建立在此基础之上。切斯特顿说，我们不应该先设想一个百手百眼巨人的存在，然后拿人类与之比较。当我们真正按照人类本来的面目去看它时，我们就不会去批评，而是去崇拜：人类每一个瞬间的意识都是无法想象的奇迹，大街上的每一张面孔都像童话故事般出人意料。

> 只有意识到事物有可能不存在，我们才能够意识到事物的存在；只有看到黑暗这个背景，我们才能够将光当作独一的受造物来欣赏……想象不到虚无，我们就会低估上帝的得胜……

在切斯特顿看来，"超人"哲学的产生源于谦卑的缺失。人若以自我为中心，就不会欣赏、感恩，会将他享有的一切视为理所当然，甚至认为自己未享受到应有的待遇，有权提出更高的要求。一个没有感恩之心的人，不会以拥有一个太阳为满足，他"很可能要求有六个太阳，要求一个蓝色的太阳，一个绿色的太阳"。

> 对谦卑的人，也唯有对谦卑的人，太阳才真正是太阳；对谦卑的人，也唯有对谦卑的人，大海才真正是大海。当他看到大街上所有那些面孔时，他不仅意识到那些人是活人，而且还突然高兴地意识到他们不是死人。

对存在（being）的根本认识、对上帝创造的生命的敬畏，同样构成了切斯特顿思考社会问题的基石。论及民主时他说，民主不是建立在对普通人的同情之上，乃是建立在对普通人的尊重甚至敬畏之上。民主捍卫人的尊严，不是因为人是如此的可怜，而是因为人是如此的崇高。民主要想恰当地发挥作用，不仅需要民主的体制和民主的观念，而且需要民主的情感。民主的情感是一种本能的态度，在那种情感当中，我们考虑的不是一个人的身份地位、教育程度、经济状况，而是单纯的人。最体现民主情感的是：当看到一起死亡或危险事件时，我们的第一反应是说："沙发底下躺着个死人。"而不是："沙发底下躺着一个风度相当优雅的死人。"或是说："一个女人落水了。"而不是："一个受过高等教育的女人落水了。"由此，切斯特顿得出一个颇为惊世骇俗的结论：

> 把你的男管家踢到楼下，这并不是什么特别不民主的事，这样做也许不对，但并不代表你没有博爱。在某种意义上，你那一拳或一脚可以说是在宣告主仆平等——你与男管家身体对身体相见，你差不多赋予了他与你决斗的特权。……真正不民主、不博爱的，是

像众多现代人道主义者所说的:"当然,人应该体谅那些地位比自己低下的人。"实际上,如果将一切考虑在内,我们可以不无夸张地说:真正不民主、不博爱的,是不把男管家踢到楼下这种惯常的行为。

启蒙运动宣告着一个科学和理性时代的到来,自此在大众心目中,科学、理性便与文明、进步联系在一起。切斯特顿却以他的先见看到了科学文明的缺陷,这一先见同样基于对普通人生命的尊重和敬畏。在他看来,科学文明有一个非常独特的缺点:

> 它永远倾向于摧毁民主或曰普通百姓的力量。科学意味着专门化,专门化意味着寡头统治……如果我们注意一下科学文明的进步,我们就会发现,在生活的各个领域,专家的工作逐渐超过了大众的工作。以前人们围着一张桌子合唱,现在是一个人独唱,理由很荒谬:因为他唱得比别人要好。科学文明如果继续发展下去(这是极不可能的),那么,将来只有一个人会笑,因为他笑得比其他人都好……这是堕落的全部实质:除去为了乐趣而从事一项工作的五个人,代之以为了金钱而从事这项工作的一个人。

在很多现代人眼里,非理性无疑是一个贬义词:宗教是非理性的,节日狂欢是非理性的,文学艺术中夹杂道德评判也是非理性的。而在切斯特顿看来,无论是对个人、社会、宗教而言,非理性都是健康的标志。"对非理性的东西,任何人都能够理解。所以,宗教很早就进入了世界,传播得如此之广,而科学很晚才进入世界,根本没有传播。"非理性常常与悖论关联。切斯特顿认为,基督教是一个充满悖论的宗教,正因为是非理性的,它才是快乐的,而在它之前的异教是理性的,因而是悲伤的。他以基督教的神学三德——信、望、爱,与异教的美德——正义、节制比较为例:"正义"在于认识到某个东西应当归于某人,并且将这个东西给他;"节制"在于认识到某种嗜好恰当的界限,并且坚守这个界限。可是,"信"意味着相信难以置信之事,"望"意味着在事情毫无希望之时抱有盼望,"爱"意味着原谅不可原谅之人。

浪漫与自由无疑是现代极其时髦的观念,其体现之一是在现代人对待爱情、家庭,更宽泛地说,人际关系的态度上。"浪漫"也是切斯特顿的思想和著作中一个非常重要的概念,只不过和 C. S. 路易斯一样,他对"浪漫"都有着不同于一般意义的理解。与他对存在的认识相关联,切斯特顿认为,凡是真实的事物都是富有诗意的,都是浪漫的。"浪漫在于因一个东西危险而认为它更令人愉悦,浪漫是一个基督教的概念",是"纯基督教的产物"。基督教要求我们爱邻人,这是非常浪漫的,因为邻人带着受造时上帝赋予他的一切天性——对我们而言异己的东西——来到我们身边。他"就在那里",不为迎合我们的趣味而存在,这是令人恐惧的,因而也是浪漫的。家庭是浪漫的,因为除了配偶也许可以选择之外,其他人我们都不能选择——我们碰巧有一位小气的姑姑,碰巧生了一个倔强的孩子。现代人擅长逃避,借旅游逃离自己生活的街道,躲避自己活生生的邻人;借向往自由,逃避婚姻家庭。切斯特顿认为,家庭之所以于人有益,称得上是一个好的社会单位,正是因为它不合意,包含着许多差异分歧。只有当群体是非理性地选择组成时,我们面对的才是真实的人——那个有棱有角、会与我们发生抵触、能够成为人类代表的人。为什么世界上爱读小说的人数超过了爱读科学或形而上学书籍的人数?切斯特顿说:

> 因为小说比科学和形而上学书籍更真实。生活有时候可能会以科学书籍的面目出现,有时候又可能会以形而上学书籍的面目出现……但生活永远是一部小说……生活要想在我们眼里成为一个故事或一个浪漫传奇,它的很大一部分就必须未经我们许可就已经设

定……使生活保持浪漫、充满活生生的可能性的，正是这些平凡而伟大的限制的存在，这些限制迫使我们所有人去面对我们不喜欢或没有预料到的事情……生活在浪漫之中就是生活在不合意的环境中，诞生在这个世界就是诞生在不合意的环境中，因而也就诞生在浪漫之中……那些以为浪漫只有在他们所谓彻底自由的状态下才会完美存在的现代人……认为，一个人若打个手势太阳就从天空坠落，这是一件惊人的浪漫之事。但是，太阳惊人、浪漫的地方在于它不会从天空坠落。

在阅读、翻译《异教徒》的过程中，切斯特顿给我印象最深的是他充满智慧的悖论和思考问题的独特视角。那是一个彻底本体论的视角，也是一个真正具有常识（common sense）的视角，一个灵魂若没有真正经历从死里复活，就不可能拥有那样的视角。切斯特顿曾说，自从读了基督教作家乔治·麦克唐纳（George MacDonald）的《公主与小妖精》后，故事中小妖精进攻的那座城堡的画面一直牢牢地印在他的脑海里，"自那以后，差不多有五种有关宇宙的哲学从德国传播到我们大学，像东风吹遍了世界各地。但对于我来说，那座城堡一直屹立在山上，塔楼里的灯光也一直没有熄灭。"[①]读了《异教徒》之后，是否也会有一座坚固的城堡屹立在我们心中，其上塔楼里的灯光永不熄灭呢？

[①] G. K. Chesterton, "Introduction" to *George MacDonald and His Wife* (Greville MacDonald, London: Allen & Unwin, 1924).